心の癒しの鍵は
ここにある!

神さま、次のセリフを教えてください

中野左知子 著

セルバ出版

はじめに

私はなぜ生まれてきたんだろう。宇宙ってどのくらい広いんだろう。天国ってどこにあるんだろう。神さまって誰なんだろう。小さな頃から私はこんなことを考えることが好きでした。考えても考えても、答えは出ない。わからないこの世界を知りたくて、私はずっと旅をしてきたように思います。

イギリスの大学で演劇を学んでいるとき、私は「魂を癒す演劇」という考え方と出会いました。その瞬間、これが私の探求するべき道だと確信し、以来25年以上この道を歩いてきました。創造的な活動と癒しは私の人生のテーマ。

演劇を使った心理療法・ドラマセラピーをパイオニアのレネ・エムナー博士の元で学ぶためにアメリカへ。私に大きな影響を与えたポーランドの演劇者イェジー・グロトフスキのレガシーを追ってポーランドへ、それからイタリアへ。ヨーロッパに住んでいる間は、シャーマニズムやサウンドヒーリングなどを学んだり、秘教ワークや儀式に参加するためいろいろな国を巡りました。

インターネットのおかげで、どこにいてもいろいろな国とつながって、その分野のトップの先生方から学ぶこともできました。心理療法士、ドラマセラピストの仕事を始めて20年近く経ち、多くの方の心の旅のお手伝いもさせていただきました。

そんな私でしたが、あるとき心理療法の限界を感じるようになりました。これまで学んできたことだけでは全然足りない。あんなにも素晴らしいと思ってきた心理療法でも解決できないことがあるなんて。たくさん学んできたはずなのに、どれひとつ役に立たない…。

人生はいつだって、試練のときこそ素晴らしいギフトに出会えます。きっかけを与えてくれたのは、アインシュタインの「問題をつくり出したのと同じ意識レベルでは、問題は解決できない」という言葉です。

壁にぶつかった私が「意識レベル」を上げるために出会ったのが、潜在意識の記憶を癒すエネルギー療法と、魂の深い学びとなる「奇跡のコース」でした。

最新の医療とも呼ばれるエネルギー療法と、神さまの領域に入っていくような心の学び。この2つを通しての意識レベルを上げるための探究は、人類の謎に迫っていくような旅でした。

私たちが住むこの宇宙は、謎だらけで神秘に満ちています。科学が解明できているものはたったの5%だといわれています。私たちの全意識のうち、私たちが意識できるのもたった5%程度。実は私たちは、この世界のことも、自分のことさえもちゃんとわかっていないのです。私たちに見えている世界、私たちが考えていることなんて、この神秘の宇宙の大きさを考えたら、米粒みたいに小さいのに、私たちは「知っている世界」の中でジタバタ動き回っています。

私たちは「目に見えている5%」にしがみついて生きているけれど、問題の解決方法も、夢を叶える方法も、私たちに解明できない95%の中にあるのなら、それを知ってみたい！

科学で解明できないものは「スピリチュアル」という分野だと言われますが、私はスピリチュアルを学問として追求してきました。その学びを続けていたら、点と点が線になり、1つの輪となる感じで、私の旅の出発地の演劇とのつながりに戻ってきました。

これまで私は、「足りない何か」を満たすため、心理学や精神世界の学びを、まるでジプシーのように続けていたと思います。でもこの2つに出会えたことで、これ以上探しにいかなくていいという安心感と、深くほりさげていくことの喜びも味わえるようになりました。

これまでの25年間が1つに統合され、私がやりたかったのはここだったんだというところまで来ることができました。

聖書の中でソロモン王は「心を守れ。すべての問題はそこから始まるのだから」と言っています。心を守る。つまり心を癒す。これをしない限り、問題は続いてしまいます。

心とは、潜在意識＋顕在意識＋魂（スピリット）と定義されます。意識レベルを上げるために、残り95％の世界を少しでも自分の味方にするために、何よりも抱えていた問題を解決するために「心」の探究を続けました。その結果、私の目の前の壁は消えていきました。

そんな私の25年間分の心の旅のお話を、少しでもお届けできれば嬉しいです。

2023年3月

中野　左知子

神さま、次のセリフを教えてください——心の癒しの鍵はここにある！　目次

第3章　脳内に新しい世界を開拓する

第4章　神さまが私に与えてくれた力

第5章　私の知らない愛の世界

第6章　神さまに依存して生きる

第1章
すべて潜在意識のせい

アインシュタインが教えてくれたこと

「問題をつくり出したのと同じ意識レベルでは、問題は解決できない」

ある夜、考えすぎて眠れずに真っ暗な中、横になっていると、突然このアインシュタインの言葉が降ってきた。これまでの人生で、アイシュタインについてちゃんと読んだことがあったかどうか記憶さえないのに、偉人の名言を読むのが好きだったから、きっとどこかでこの言葉を目にしていたんだろう。アインシュタインは、時空を超えて私の頭の中にやってきてくれた。その言葉は、私の何が間違っていたのかを明確に教えてくれた。

そうか！　私は問題をつくり出したのと同じ意識レベルのままなんだ。だから意識レベルを上げればいいんだ！　雷に打たれたように気づいた私だったけれど、「意識レベル」の上げ方がわからない。

「意識高い系」と呼ばれる人たちって、どういう意識を持ってる人なんだっけ。朝早く起きて、仕事の前に勉強する人？　前向きな言葉を使う人？　環境問題に興味のある人？　食事とか気をつけてる人？　運動をちゃんとやってる人？　充実した人生を送っている人？　セミナーとかよく通っている人？　あれ、そもそもこの場合の意識って何？　大体、意識高い系と呼ばれる人たちは、「意識レベル」が高いっていうことなの??

意識レベルを上げるために、「意識の高い人の真似をしよう」という発想をするあたり、私の意識は低すぎる気がする。でも他に何にも思いつかない。

とりあえず背筋を伸ばす。目線が高くなったら意識レベルも上がるかも？

毎日感謝できることを増やせばいい？

もっといい言葉を使うようにして、やたらと笑顔でいよう。

どれも続かない。感謝したくても、日頃の不満や不安ばかりに目がいってしまう。そもそも「問題をつくった意識レベル」にいる私が、意識レベルを上げる方法なんて考えたところで、絶対何にも役に立たない。この頭で考えたところで、そこには正解なんてない。

どうしたらいいかわからなかったとき、次のヒントが降りてきた。

あの本読んでみようかな、とふと思い出した。本屋で見かけて気になって買ってしまったけれど、怖くて読めなかったあの本。

それは『「潜在意識」を変えれば、すべてうまくいく』（アレクサンダー・ロイド博士著　ＳＢクリエイティブ）という本だ。表紙を開くと、最初に「意志の力を使った従来の自己啓発の97％は失敗する！」という言葉が目に飛び込んでくる。こんな本を読んでしまって、もしも私の仕事が否定されてしまったら、私はどうしたらいいんだろう。これまで信じていた私の世界がなくなってしまうような恐怖で、私はこの本を読み進めることができないでいた。うすうす気づき始めていたのに、自分の心のうちに湧いてきていた「心理療法には限界がある」という思いさえ認めることもできなかったから。

勇気を出して本を読んでみると、簡単に言えば「潜在意識の記憶」が、私たちのストレスを引き起こしていて、それがあらゆる問題の原因になっていることがわかった。そして本の途中で紹介されていた、潜在意識の記憶を癒すための「エネルギー療法」を試してみたら、あんなにも苦しかったはずなのに、少しだけ心に余裕が出たのが感じられた。とてもシンプルなのに、すごすぎる。

これはどういうこと!? 夢中になって読み続け、この本が、決して私の仕事を否定しているものではないということも理解できて安心する。そして、私の仕事ではできない部分、つまり「潜在意識」の癒しを扱うものだということがよくわかった。

読み終える前に、私はこの著者に弟子入りをしようとまで決めていた。本の中には、アインシュタインの有名な公式、存在するすべてがエネルギーであるというE＝MC2の説明まで入っていた。本当にアインシュタインが私を導いてくれたのかもしれない。私の世界に光が差し始めてきていた。

早速、本の著者・アレクサンダー・ロイド博士のウェブサイトを探ってみると、彼が、主に「ヒーリングコード」というエネルギー療法を教える人だということがわかった。本で紹介されていたのとは違うもののようだ。弟子入りする前に、ちゃんとリサーチも必要なので、オンラインで購入できる講座をすぐに申し込み、２０１１年に日本語版が出ている彼のもう1つの著書『奇跡を呼ぶヒーリングコード』（アレクサンダー・ロイド博士、ベン・ジョンソン博士著　ソフトバンククリエイティブ）もネットで購入した。

これが私を大きく変えてくれたエネルギー療法「ヒーリングコード」との運命的な出会い。このヒーリングコードが、本当に私の意識レベルを上げる方法の1つになるということは、意識レベルがまだ上がっていなかったため、そのときの私はまだ気づいていなかったけれど、この出会いこそアインシュタインが私に答えをくれた瞬間だった。

私は過去を背負って今を生きる

アレクサンダー・ロイド博士が生み出したヒーリングコードは、エネルギーを使って「潜在意識の記憶」を癒すものだ。

心理学博士であり自然医学博士でもあるロイド博士は、奥様が長年うつを抱えられていて、その治療のためにあらゆることを試されてきたという。もう打つ手がないくらいに困り果てたときに、まるで天からの啓示のように与えられたのがヒーリングコードだった。家に戻って早速そのヒーリングコードを試したところ、奥様のうつが、3週間で治ってしまったのだそうだ。

そこからロイド博士は、研究を重ね、科学的根拠も得られたところで、2001年にアメリカでヒーリングコードを広め始めた。その患者の中には、『ザ・シークレット』（ロンダ・バーン著　角川書店）にも出演した、統合医療の専門医のベン・ジョンソン医師もいる。彼自身がルー・ゲーリック病になったときに、ロイド博士を紹介され、3ヶ月でこの難病を寛解されたことから、アレックスとベンは2人でヒーリングコードを紹介するようになった。


ヒーリングコードが癒す「潜在意識にある記憶」は、私たちが覚えていない記憶。

大まかに言って、私たちが意識できる「顕在意識」は全意識のたった5％程度だと言われている。それ以外は潜在意識、あるいは集合無意識と呼ばれるもので、私たちには簡単にアクセスできない世界だ。覚えていないにも関わらず、潜在意識にある思い込みが私たちの言動を決定し、日常を支配している。


渋滞に巻き込まれたときに、イライラする人もいれば、鼻歌を歌って機嫌よく過ごせる人もいる。同じ状況にあっても、反応が違うのは、潜在意識の記憶が違うから。

キレやすい人は、傷ついた記憶が今起きている出来事に刺激されているからだ。税金関連の手紙が来るだけで、なんだか嫌な気持ちがしてしまうのも、目上の人に声をかけられると、怒られるような気がしてしまうのも、なんらかの記憶がその反応を引き起こしている。

その反応を「ストレス反応」と言う。潜在意識の記憶は、私たちのストレスを引き起こす大元なのだ。ロイド博士の研究仲間でもある『思考のすごい力』（ＰＨＰ研究所）の著者のブルース・リプトン博士も言うように、病気の95％の原因はストレスだ。医学の世界でも今や常識になっている。身体の病だけでなく、私たちが抱えるあらゆる心の問題も、原因はストレスにある。ヒーリングコードでジョンソン医師の難病が寛解したのも、病気の原因となるストレスを引き起こしていた潜在意識の記憶が癒やされたためだ。

リプトン博士は「あなたが望む人生と健康を妨げる間違った信念を変えるために、あなたにはヒーリングコードのようなものが必要でしょう」と言っている。

私たちはいつも、潜在意識の記憶を背負いながらこの世界に参加している。顕在意識でどれほど結婚したいと決意をしていても、潜在意識では、「男性は浮気をする」と信じていたら、どんな相手を前にしても、その思いが消えない。そして「浮気をする」という証拠を無意識に探し始めてしまったりする。

ある女性も同じような思い込みを持っていた。そのためどんなに関係がうまくいっていても安心できずにいた。そしてその不安に耐えられなくて、自分から別れてしまった。

自分の願いとは裏腹な行動をしてしまうのは、潜在意識の思いが原因だ。だから願い通りの人生を生きるべく、世界の見方を変えていくためには、大元にある潜在意識の記憶を癒すほうが早い。


潜在意識の思いは、顕在意識の思いの100万倍も強く働く。ロイド博士が、「意志を使った自己啓発の97％は失敗する」と言ったのはこのためだ。

彼を信頼しよう！　と決めたところで、潜在意識の疑いのほうが100万倍働いている。潜在意識の優先事項は私たちの安心安全だ。そのため「浮気をするかもしれない男性」と一緒にいるよりも、相手から離れたほうがいいと判断する。


潜在意識の思い込みは、決して「真実」ではない。潜在意識にある思い込みは、大体6歳以下のネガティブな記憶が占めている。この頃の子供たちの脳はシータ波であり、言ってみたら深い瞑想状態と同じ脳波である。この脳波の状態だと、合理的、論理的な思考ができないため、小さな子供たちは出来事の裏を読み取って理解することができない。

たとえば、夜中に泣いたら、母親がとても不満そうにやってきた。小さな子供は「そうだよね、今は夜中の3時、お母さんだって眠いよね、しかもこれで3回目だもんね」なんてことは考えられない。「僕が泣いたから、お母さんは怒ったんだ！」とか「僕は悪いことをしたんだ！」のように理解してしまう。そしてそれを「真実」として大切に記録してしまう。

私たちは真実ではない思い込みを数えきれないほどもっていて、その思い込みをもとに出来事に反応していくのだ。

私たちは、出来事に対して勝手に意味をつけてしまう。しかもだいたいネガティブな意味づけをする。

同僚に挨拶したら無視された。私は嫌われているんだと意味づける。そしてその意味づけをもとに相手と関わっていくようになり、その関係性をさらに悪化させていくことができる。

たとえもしその同僚が、「ぢ」で悩んでいて、恥ずかしくて誰にも言えず、考えすぎていて挨拶されても気づきもしていなかったのが事実だったとしても、そんなこと私たちには知り得ないことだ。それくらい自分の思い込みはあてにならないことが多い。でも私たちは、反応的に勝手な思い込みをつくって、世界の見方を決めていく。

ヒーリングコードは、ストレス反応を引き起こすネガティブな「嘘の思い込み」をエネルギーの力で癒す。

どうやって癒すのか？　実をいうと、方法はとってもシンプル。指先からのエネルギーを、主に顔にあるエネルギースポットにかざすだけ。しかも1日10分程度行うだけ。

え、それだけ？ と思われるかもしれない。私だって未だにそう思っている。なぜこんなにも効果が高いのかさっぱりわからないのだが、指先からのエネルギーが、私たちの潜在意識の記憶にまとわりつくネガティブな思い込みのエネルギー、つまりその「エネルギーの周波数」を健康的な周波数に変えていく。

だまされたと思って試してほしい。私は時々、ロイド博士の『奇跡を呼ぶヒーリングコード』を読まれた方から、こんなに効果があってびっくりしたというメールだっていただく。ちゃんとやれば普遍的に効果があるすごいものなのだ。

ヒーリングコードは、科学的に効果が実証されている。でもなぜこのスポットで、なぜこの順番で行うのがいいのか、潜在意識にあるどの記憶が癒されているのかなど、細かい部分は神さまの領域だ。私たちには特定できない潜在意識のある記憶がどのように見つけられるのかも、ミステリーのまま。ジョンソン医師も、レクチャーの中で「それは、我々にもわからないよ」と笑いながら言っていたくらいだ。

人生でも一番大きな問題を抱えていた私が、ヒーリングコードを使い始めて最初に感じたのは、えも言われぬ幸福感だった。大きな問題の解決までには、ある程度時間はかかったけれど、小さな問題はどんどん癒されていったし、現状は変わらなくても、私の心の状態がものすごくよくなった。私の生命の力みたいなものが感じられるようになっていた。

すごすぎる。あまりに感動した私は、正式にプラクティショナーになると決めた。ヒーリングコードを、日本中の人に教えたいくらいだ。私の生徒さんが、義務教育に入っていたらいいのにと言ってくれたけれども、本当にそうしたい。

アインシュタインが私をロイド博士に会わせてくれたとしか思えない。何の縁もないのに、私の声まで聞いてくれたなんて、天才以上の存在だ。

エネルギーが癒しの鍵

存在するすべてがエネルギー。アインシュタインの有名な公式E＝MC2をとても簡単に説明するとこういう意味だ。存在するすべてだけでなく、目に見えないもの、つまり感情も思考も記憶もすべてエネルギーだ。

物質的にも心理的、精神的、感情的にも、私たちはみんなエネルギーの存在だ。だからこそ、エネルギーという概念なくして、医療は語れなくなるのだ。ヒーリングコードは、エネルギーを使って潜在意識を癒す、最先端の治療法と言える。

エドガー・ケーシーも、音は未来の治療法だと言っているが、実際に近代医療の中では、音などの波動つまりエネルギーを使った治療法の研究も進んでいる。

サウンド・ヒーリングの基盤とも言える考え方は、「すべての存在は振動である」ということだ。振動は周波数で表せられる。

音の研究で有名なスイスの科学者、ハンス・ジェニー博士は、細胞の1つひとつが独自の音を奏でており、それぞれ周りの細胞と調和をとっていると言っている。それはまるで1つのオーケストラのようだと言う。

健康とは、体内のオーケストラが素晴らしいハーモニーを奏でている状態だ。しかし、その中のどれか1つ、たとえばヴァイオリンに不調があったら、それだけで全体の音楽、つまり健康に影響を与えてしまう。この健康な周波数から外れてしまったヴァイオリンを取ってしまうのが西洋医学だとすると、このヴァイオリンに調和のとれた振動を起こさせ、健康的な音を回復させるのがサウンド・ヒーリングだ。

アボリジニの人々は、デジュリデューの音で骨折さえも治したという。骨折している部分の細胞の周波数を、健康的な周波数に変えればいいだけだから、理論的に可能なことがわかると思う。がん細胞を音によって消してしまう実験もあったりするし、音はまさに未来を救う治療法になる。

音は周波数で表すことができるように、私たちの身体だけでなく、感情も思考もみんな周波数がある。「波長が合う」というのは文字通り周波数が合うということで、お互いが奏でる音楽がぴったり合う感じだ。私たちが発する周波数が、似たような波動のものを引き寄せる。

私たちは同調する生き物なので、相手の周波数に合わせていくこともできる。明るい人といると自然に元気になるのはそのせいだ。

エネルギーはすごい影響力を持つ。怒っている人のそばにいるとその人に気を遣ってしまうのも、悲しんでいる人を明るくさせたくなるのも、相手の周波数に影響されるからだ。

「人からいじめられる」と悩んでいた女性がカウンセリングに来た。でも彼女は、そう言ったまま何も話さない。ソファに座って、黙り込んでいる。私は質問を重ねながら、どうやったら彼女の役に立てるのだろうと考えていた。じっと座っている彼女は、涙目になり拳を握っている。

「なんだか尋問しているみたいだ」

そう思いながら、イライラしている自分に気づく。そんな自分にハッとする。彼女のエネルギーが、私の意地悪な部分を引き出している気がしたのだ。そのエネルギーに飲まれてはダメだと気づき、私は自分の心を整えた。

彼女は、それはそれは強い周波数で、「いじめられる」と訴え、私の中にいるであろう「いじめっ子」の部分にアクセスしていた。なんという影響力なんだろう。

誓っていうけれど、私はそんなに意地悪な人間ではない。カウンセリングの仕事をしている最中なのだから、相手に共感する準備も万端だ。

でも人間だから、白い面も黒い面も当然ある。人間は幅広い。悪魔のように残酷にもなれるし、天使のように優しくもなれる。その矛盾した様々な面を1つの体に併せ持っているのが私たち。

自分で言うのも何だけど、結構優しい私の中にいる「いじめっ子」を引き出そうとしたんだから、彼女の影響力って、相当なものじゃない!?

彼女が悪いと言っているのではない。彼女はこの周波数とでしか相手とつながれなくなっていただけだ。彼女には、いじめられっ子の役割から降りて、違う役割、つまり「新しい周波数」を見つけてもらえるようにとカウンセリングを行っていったが、私自身がその影響力に飲まれないように注意したので、とても疲れたことを覚えている。

私たちは知らないうちに、自分が発するエネルギーで相手にも影響を与えているし、影響を受け続けてもいる。自分の周波数にこれほどの影響力があることを知り、注意を払えるようになれたら、人間関係も変わる。

ヒーリングコードは、潜在意識の思い込みが持つ「不健康な周波数」を健康的なものに変えることができる。私たちを動かす潜在意識の記憶の周波数を変えることができれば、確実に意識レベルを上げることにつながるはずだ。

「脳のフィルター」が私を邪魔する

その日、私は車を運転しながら、苫米地英人博士のレクチャーを聞いていた。苫米地博士は、心理的盲点「スコトーマ」の説明をしてくれていた。私たちの脳は毎秒膨大な量の情報を受け取っている。しかしそのすべてを処理しようとすると、命がなくなるほどのエネルギーが必要となるため、意識的に受け取る情報は選り分けられていくという。それ以外はすべて潜在意識に流れていく。

ロイド博士の本にも、私たちの脳は1秒間に5兆ビットという膨大な情報を取り入れているが、選り分けられる情報はたったの1万ビットだと書かれている。

顕在意識に残す情報は、「脳のフィルター」によって決まる。その脳のフィルターは、主に潜在意識で強く信じているものでつくられている。フィルターに引っかからない情報は、意識できないものになるため、そこにあっても「見えていない」ものになってしまう。

これを心理的盲点、スコトーマと言う。だから私たちは、同じ場所にいても、その人の脳のフィルターによってキャッチする情報が全然違ってくるのだ。私たちが客観的事実を見ることなんてできないのは、このせいでもある。膨大な情報の海の中にあって、限られた情報しかキャッチできない私たちの脳なので、私たちはみんな、同じ場所にいながら全く違う世界を見ている。

この頃の私は「駐車場にお金をかけてはいけない」という呪いにかけられていた。できる限り安いところに車を置きたいという思いだ。自分だけでなく、友人や仕事の関係者などでも、駐車場にお金をかけさせてはいけないと思い込んでいた。

基本的に、時間のほうが大切だと思っている割に、駐車場だけは、たとえ目的地に着くのに時間がかかったとしても、安いところにとめなくてはいけないと思っていた。駐車場にお金がかかっていると思うと、急いで車を救いに行きたくなるくらい重症だった。

苫米地博士のレクチャーを聞きながら、車をとめる場所を探す。この日は時間的な余裕がなく、「駐車場が高い」と信じている中心街に車をとめるしかなかった。「高いなあ」と言いながら、案の定、駐車場の呪いにかかっている私には躊躇したくなる金額の駐車場に車をとめた。

私はセミナーを教えにいくことになっていて、駐車場代は主催者が負担してくださる。けれども、駐車場の呪いは、負担するのが誰であっても駐車場にお金をかけることを許さないのだ。申し訳ないなあと思いながら目的地に歩き出した。

そのとき、今まで存在さえ気づかなかった、他の駐車場の金額がふと目に入ってきた。私が車をとめた駐車場よりもずっと安い。しかも数分前、その安い駐車場の前を車で通っていた。他にもそんな駐車場があるのに、そちらも全く目に入っていなかった。どちらかというと、私が選んだ駐車場だけが高いのだ。私は、わざわざおそらく一番高いところを見つけて、そこに車をとめていたことになる。高い金額を予測し、その数字を意識していたので、その情報を見事にキャッチしたのだ。

スコトーマのレクチャーを聞いていたからなのか、私から何かのスコトーマが外れたみたい。さっき車で前を通ったのに、気づきもしなかった駐車場とその金額。何にも見えていなかった…！　強く信じていたことが、私に見える世界を決めていたのだ。これがスコトーマ!!

1回レクチャーを聞いただけで、私のスコトーマを簡単に外してくれた苫米地博士のパワーに驚きつつ、私は駐車場に関して、本当にいらない思い込みを持っていたのかと痛感した。「駐車場にお金をかけてはいけない」と思っていたはずなのに、一番高い駐車場を選んでいるなんて、大馬鹿すぎる。

私たちはこの世界をまっさらな目で見てなんかいない。偏見と先入観を思い切り持って、自分のフィルターを通して見ているわけで、自分の脳が見たいと思うもの、聴きたいと思うものを選り分けて生きている。嫌いな人が多いのであれば、そういう人を見つけてしまうフィルターを持っているし、素敵な人が多いのであれば、そういう人を見つけるフィルターを持っている。私たちは、自分で「見える世界」を決めているのだ。

だから、目に見える世界を変えたい、もっと願い通りの生き方をしたいというのなら、脳のフィルターを変えるしかない。私たちが意識できるのは1万ビットだけなのだから、その1万ビットに欲しい情報がひっかからなければ、そこにあっても私たちには気づけないままだ。

意識レベルを上げるためには、スコトーマを外さなくてはいけない。そのためには思い込みを手放す必要がある。そう、脳のフィルターを変えるためには、やっぱり潜在意識の記憶を癒さなくてはいけないのだ!!

引き寄せの法則の落とし穴

引き寄せの法則という概念に初めて出会ったとき、私は欲しいものがなんでも手に入ると思い、夢中になった。でも引き寄せは簡単じゃなかった。私は何にも引き寄せられない。周りの人たちはなんでも上手に引き寄せているようなのに、自分は何てダメなんだろうと思ってばかりだった。

私たちは1日に6万から12万の思考をしていると言われている。そしてその8割はネガティブだとも言われている。引き寄せの法則が働くのは、私たちが全意識で思考しているすべてだ。顕在意識で引き寄せたいものを意識したとしても、気づかずに持っているたくさんのネガティブな思考が潜在意識で同時に働いている。

焦りと不安を解消させるために願いを叶えたいと思っても、都合よく願ったことだけが叶えられるわけではない。焦りと不安が発するエネルギーは１００万倍の力でバリバリ働いているのだ。そこに私は気づいていなかった。

初めて本格的に、引き寄せの法則を学び始めた20年以上前のこと。「簡単なものでいいのでまずは引き寄せましょう」と先生が言っていた。そんなわけで私は、「佐藤錦」をもらうということを意識してみた。

この裏側には、引き寄せができることを証明したい私がいて、自分の力を信じたい私がいて、きっと夢は叶うんだと信じたい私がいる。そのために、佐藤錦の負担はどんどん大きくなる。

可愛いさくらんぼにはそんなストレス必要ないのに、佐藤錦は私の大きな期待を背負わされて、私の世界にやってくるように命じられている。佐藤錦じゃなくても、絶対にこんな世界に来たくない。力んではダメだといわれて、佐藤錦を笑顔でイメージしてみるものの、深いところではドロドロとした「これが引き寄せられなかったらどうしよう」という想いが渦巻いている。

スーパーで見る佐藤錦に、いつ来るのよと毒づきたくなる。目の前にいるなら、買えよ！　って話だ。毒づかれ、こんなにも期待を背負わされ、さらには無料で手に入れようというその心意気も、佐藤錦としては気に入らないだろう。

そもそも、私が勝手に佐藤錦に意味づけた「これがうまくいけば私の夢も叶えられる」という思いのせいで不安になっているために、佐藤錦が来られなくなっているのに、佐藤錦のせいにするなんて、佐藤錦にはいい迷惑だ。私が欲しいのは、もはや佐藤錦にかぶせた自己承認だけだということを、愚かな私は気づいていなかった。

やっぱり私にはできないんだと佐藤錦を諦め、すっかり忘れ果てたあと、さくらんぼはひょっこり現れてくれた。実に15年くらいの時間をかけて。

出産後、子供と散歩していたときに、ご近所の方が、赤ちゃんが生まれたのね！ と喜んで、きれいなさくらんぼをお裾分けしてくださった。そのときの私は、喜んだのも束の間、慣れない育児に没頭してしまい、それが佐藤錦だったという事実も忘却の彼方に置き去りにしてしまった。

実はたった今、そのことを思い出した。せっかく来てくれたのに、ありがたみを感じるどころか、忘れてしまっていたなんて、あり得ない。佐藤錦、ごめんね…そして来てくれて、ありがとう。15年かかったが、引き寄せの法則はやっぱり働いていたのだ。


私が全身で思っていること、そのすべてが引き寄せられる。意識して願っていることだけはうまく引き寄せられていなかったけれど、「私にはうまくいかない」「人生はそんな簡単ではない」などの思いはすべて、見事に叶えている。

結果、私は彼が欲しいと願い、「欲しいと思い続ける状態」を実現し、仕事がうまくいって欲しいと願い、「そうなって欲しいと思い続ける状況」を実現していた。そして願いが叶わないから「やっぱりね」と思い続けるため、「やっぱりねという現実」も続いていった。

ネガティブな思考を持てば、ネガティブなものを引き寄せるし、逆にポジティブでいれば、ポジティブな出来事を引き寄せられるようになるという引き寄せの法則は、周波数からも説明ができる。

自分が叶えたいものがAというエネルギーの周波数だとする。Aと同じ周波数を自分が持つことで、同じエネルギー同士が引き合うため、「引き寄せられる」わけだから、私は周波数Bという「願いを叶える方法のエネルギー」になってはいけない。

ところが私たちは、Aの周波数は馴染みがないため居心地が悪い。だから、居心地のよいBという方法や、Cという「現状の周波数」を維持してしまう。

Aという「願いが叶ったイメージ」の周波数を発することができなければ、当然Aはやってこない。だから引き寄せるためには、願いが叶った状態をイメージする必要がある。でも私たちは気づくと、うまくいかないかもと不安を感じたり、どうしたらいいんだろうと考えてしまったりする。顕在意識ではAを時々思い出して、「やっているつもり」になっているため、始末が悪い。私はやっているのに、全然効果がないと嘆いてしまう。

BにもCにも陥らないためには、余計なことを考えないほうがいいのに、思考することが大好きな私たちは、すぐに思考して解決策を見つけようとしたり、現状を嘆いてしまう。

考えて出る答えがあるのなら、とっくにそれを実行して実現できているはずだ。叶え方を知らないのだから、「どうやって」と考えるのは、意味がない。

アインシュタインの言葉通り、問題をつくり出した意識レベルでは解決できない。引き寄せたいと思う心では、永遠に引き寄せたいという思いを持ち続けることになる。

たとえばお金がたくさん欲しいとして、だから「一生懸命働かなくちゃ」と思うと、お金ではなく、意識が向けられた「一生懸命働くこと」を叶えることになる。叶えるための方法を考えると、その方法を実現することで終わってしまうというわけ。それなのに、私たちは無駄に「方法」ばかりを考えてしまい、その結果無駄に願いを遠ざける。

私たちの脳は、強くイメージしたものを叶えようとする力を持っている。今、目の前にあるものは、私たちがこれまでイメージした結果だ。

脳は、現実と想像の区別がつかないという。レモンをイメージしただけで、口の中が酸っぱく感じてしまうのはそのためだ。現実にはなくても、想像の中に存在していたら、脳にとっては同じこと。脳は、私たちがありありと臨場感を持ってイメージしたものに引っ張られる。一瞬だけ顕在意識を使って願いをイメージしても、普段からネガティブ思考で世界を見ていたら、当然そちらが優先させられる。

反対に、未来の願いを生き生きとイメージできれば、目の前にある現状と、脳が感じた強いイメージとの差異からくる違和感を感じて、脳はイメージと現実を合わせようとするために、その方法を潜在意識から導き出そうとする。私たちの潜在意識には、膨大な情報が眠っている。「脳に勝手に考えてもらう」ことで、スコトーマが外れて今まで見えていなかった方法が潜在意識から送られてくる。

ところが、ここにもう1つの落とし穴がある。大きな変化は、私たちの脳のキャパシティーを超えている。

そもそも私たちの脳は、基本的には変わりたくないし、「できれば現状維持」を目指している。それをコンフォートゾーンという。慣れ親しんだところにいるのが一番いい。たとえそれが、心が願うことと違っていたとしても、変化よりも現状維持だ。

脳は、変化したくなくなるような恐怖を考えさせて、私たちを引き留めてくれたりもする。だから、変化に大きな恐怖を伴うのは、脳の仕組みからいえば当然のことだ。

願いを持つと、必ずそれよりも大きなネガティブな思考が襲ってくる。そのネガティブに引っ張られずに、願いを叶えた結果をありありとイメージすることで、脳を少しずつ変えていくしかない。

とにかく、引き寄せの法則を試みるのであれば、方法を考えてはいけない。方法を考え始めた時点で、「でもうまくいかない」といういつもの着地点に戻るだけで、脳としても「やっぱりね」の現状維持をしていくだけだ。

そういうわけで、脳に強烈なイメージを送るために、引き寄せの法則では、「結果だけをありありとイメージして、できれば感情を伴うこと」と教える。感情のエネルギーはとても大きいので、脳に臨場感が伝わる。脳のフィルターは、こうやって取り替えるのだ。

根に持つ細胞

「ねえ、ちょっと聞いてー！」というイライラした彼女の電話は、いつものことだ。彼女は独身時代によく一緒に遊んでいた友人で、頭にくることがあると、私に聞いてほしくてよく電話をしてきた。

そのときは、「夕食を食べようとレストランに行ったら、おひとりさまですか？　と言われたが、軽蔑の目で見られて嫌な思いをした」という内容だった。ウェイトレスは完全に馬鹿にしていたと彼女は語りながら、失礼よね、ひどいよねと私の同意を求めていた。うん、うんと聴きながら、ちょっと面倒くさい私。

ううん、わかるのよ、わかるわよ。独身生活がとても長かった私だって、ニューカレドニアというハネムーンで行きたくなるような場所に1人で行ったために、空港でもホテルでも、しつこいくらいに「ひとり？　1人なんですか!?」という言葉を驚きと共に発せられた経験があるもの。私だって、何度も聞かれれば「1人ですけど、何か!?」と怒りを交えて言いたくなりつつ、ニューカレドニアの一人旅を楽しんだ。だから彼女の気持ちはとってもわかる。

でも、どうしても彼女の大きな怒りには共感できずにいた。私にとっては笑い話にもなるようなネタなので、そこまで怒ることでもないし、そもそもレストランだって、1人なのか2人なのか知りたいのは、業務上致し方のないことだ。でも彼女は、独身の自分を馬鹿にされたと息巻いている。彼女に言わせると、その言葉には「そんな年なのに1人なんてかわいそうね」と同情と揶揄された感覚がくっついていたらしい。彼女は、結婚できない自分、この年齢まで1人でいて、週末の夜に1人で外食している可哀想な女性だと思われたと思い込んで、そんな失礼なことを言ったと怒っていたけれど、彼女が言われた言葉は、本当は「おひとりですか？」の一言だ。

私たちは出来事を単なる出来事として受け止められない。勝手に意味をくっつけて、反応してしまう。自分が理解したいようにしか世界を見ることができない。

この世界で起きる出来事をどう解釈するのかは、私たちの心次第。もっというと、潜在意識の記憶次第だ。

なんだってそんなことで怒るわけ？　と思うようなことは、大抵の場合、潜在意識が関係している。つまり、その人は目の前の出来事で怒っているわけではない。

今この瞬間、この反応、この感情、この思考、この振る舞いは、適切か？　と考えてみる。

そこまで大きな反応しなくてもよくない？　と思える場合は、基本的に潜在意識の記憶が刺激されていると言っていい。起きた出来事が、古い記憶にまとわりつく「ネガティブな思い込み」を刺激して、そこから反応しているだけだ。

私たちの言動の95%は、潜在意識の記憶が影響している。でも私たちはその記憶を覚えていないために、「なぜそんな反応をしてしまったのか」を理解できない。

私たちを動かしている記憶のほとんどを、私たちは覚えていないと聞いたら怖くないだろうか。私たちは自分が何に反応しているのかなど全くわからずに、この世界を生きているのだ。

ところで私たちの記憶はどこにあるのだろう？　実は私たちの身体中にあるということがわかっている。潜在意識は、脳と身体全体にある。日本語でも、腑に落ちる、腹落ちする、背筋が凍る、胸が温かくなるなどの表現があるけれど、昔の人たちはきっと私たちが体全体で思考していることを知っていたんだと思う。

最新の医学の研究では、細胞1つひとつに記憶があり、その記憶がストレス反応を引き起こし、最終的にはさまざまな心身の問題の原因となっているということもわかっている。これが「細胞記憶」だ。

アメリカのサウス・ウェスタン医科大学は「細胞記憶を癒す方法がわかれば、医学は大きく変わる」と言っている。ロイド博士は、この話を聞き「その記憶を癒すのがヒーリングコードなんだ！」と叫びたかったと言っていた。

ロイド博士は、多くの大学との共同研究を通してヒーリングコードの効果を発表しているが、エネルギー療法のように「お金になりにくい」医療は、まだまだメインストリートにはならないと思う。人間の精神的進化と共に、医学の世界が変わるんだろうなと私は思っている。

細胞１つひとつに記憶があるということは、臓器提供を受けられた方々からの報告からも明らかになっている。今までベジタリアンだった方が、急にジャンクフードが大好きになったり、臓器移植の前と後とでは、性格もガラリと変わった方もいるそうだ。これは、臓器の提供者の性格や趣味嗜好を受け継いだからだという。その臓器の細胞にある記憶がそうさせていることになる。

彼女の潜在意識の中にある何が刺激されたのかはわからない。もしかしたら、母親に言われて傷ついた言葉があったのかもしれないし、誰かに仲間はずれにされたときの怒りかもしれない。そういうネガティブな記憶が、顕在意識では忘れられているのに、潜在意識ではスタンバっている。そしてそれが彼女を怒らせる。おひとりさまですか？　というたった一言に反応して。

私たちの中には、根に持った細胞がいっぱいいる。

自分では気づけないこの思いが、私たちの恋愛も、仕事も、健康さえも邪魔している。覚えている、いないに関わらず、この潜在意識の記憶を癒さない限り、私たちは古い記憶の影響を受け続ける。

肝心なのは、「こんなことで」キレた自分を責めることでもないし、「こんなこと」に対応することでもない。大元の記憶を癒すだけ。でもそれが癒せるのなら、無駄に自分を責める必要もなくなるし、ほっとするでしょ？

複雑なほうが生きているって気がするよね

とても素晴らしいヒーリングコードだけど、大きな問題があった。それは、簡単だけど「怪しく見える」ことだ。真実に近づこうとするものは、たいてい怪しく見えると思う。

20世紀最大の魔術師と呼ばれる思想家のゲオルギィ・I・グルジェフを、私は心からすごい人物だと思っているし、彼の神聖舞踊も本当に素晴らしいのだけれど、これもこの上なく怪しく見える。私が敬愛するポーランドの恩師レナ・ミレッカの演劇トレーニングもやっぱり怪しく見える。始まった途端、若い女性の参加者が青ざめて一目散に逃げ出していったくらいだ。

私自身は、これまで色々な「怪しい」ものを体験してきて、怪しさの耐性はまあまあるし、ヒーリングコードは、それこそ藁をもすがる思いで始めたので、怪しいとか言っている場合ではなかった。

科学が解明できないことが多すぎることはわかる。でも、指先だけで潜在意識の記憶が癒せるなんて、めちゃくちゃ信じ難い。こんなにシンプルだとかえって心配になる。

もっと複雑な手順とか説明とかがあればいいと思うのは、シンプルに物事を考えずに、色々こねくり回してめんどくさくしてしまう人間の癖なんだろうか。

ヒーリングコードは、ちゃんとやると本当に効果が高い。シンプルなことをしているだけなのに、慣れない動きが私たちには怪しく見えてしまうため、抵抗してしまう人も多いと思う。

私たちは、科学ではたった5％しか解明されていないこの世界で生きているのだから、圧倒的に知らないことが多いはずなのに、知らないということに謙虚になるのが難しい。

『こころのチキンスープ』（ジャック・キャンフィールド、マーク・ヴィクター・ハンセン著　ダイヤモンド社）の共著者のマーク・ビクター・ハンセン氏は、ヒーリングコードを素晴らしいヒーリングのテクノロジーであり、アレクサンダー・ロイド博士を現代のシュバイツアーだと評価されている。でも、ヒーリングコードは本当に素晴らしいけれど、簡単すぎるからみんな信じないんだよねとアレックスに言ったことを聞いた。

私たちは何かと複雑なほうがいいと思っている。病院に行って、処置がすぐに終わってしまうと、「え、本当ですか？　これだけ？　本当に？」と聞き返したくなる。簡単な処置だと、ちゃんと治らない気がしてしまう。

ヒーリングコードで視力がよくなった女性が、あまりに簡単に回復したことが信じられなくて、「そんなわけないわ、こんなに簡単に視力がよくなるはずがないわ！」と言い続けていたら、視力が元に戻ってしまったという話があった。

簡単すぎて信じられないというその思考が強すぎて、「信じられること」を現実化した結果、彼女の視力は元に戻ってしまったのだ。なんてもったいない。

複雑なほうが、なんだかちゃんとやっているという気がする。でも複雑なものを毎日続けられるだろうか。

ヒーリングコードはシンプルだけれど、毎日続ける必要がある。自分のエネルギーを使って自分を癒すことができるセルフヒーリングは、自分を大切にする行動になる。それはとても素敵なことだと思う。続けることが苦手な私たちが、丁寧に自分へのケアを毎日していくことで、一気に大きくは変われない脳も少しずつ変化していく。


子供時代の記憶、親や先祖や社会から与えられてきた思い込みによってつくられてしまった、私たちの思考パターンを変えていくことが人生を変える鍵だとしたら、やっぱり慣れていないことを続けていくしかない。これまでの思考パターンが、私たちを完璧に幸せにしてくれていたのだとしたら、それでもいい。でも実際には、色々と難しくして、幸せになるのをこじらせていたとしたら、やっぱりシンプルに、幸せにしてくれる思考や行動を続けるほうがいい。

成功する人は素直だとよく聞くけれど、素直にできる人は、驚く結果を導き出すことが多い。複雑にあれこれ疑い深く考える人間ははっきり言って可愛くない。複雑にしたくなる自分を手放して、私もシンプルにただ続けられる可愛い人間になりたい。本当にそう思う。

私がシンデレラになれない理由

若い頃、女優志望のイギリス人のジャネットと2人で話していたとき、彼女が言った。「有名な演出家とかが、私を見つけてさえくれたら、私は絶対いい演技するし、上手くできると思うのよ」

セレブ婚を目指している女性が言った。「私はお料理だって家事だって、完璧にできるわ。だから、素敵な男性が、私を見つけ出してくれたらいいのに」

私も同じだった。私が書くものを、話すものを、教えるものを、誰か影響力のある人が見つけ出してくれて、そして世界の目に触れさせてもらえたら、私はもっと活躍できるのに…。

いつか誰かが、私を救ってくれたら。私を見つけ出してくれて、私の価値を見出してくれたら。そしたら私は思い切り好きなことができるのに。


基本的に私たち人間は、怠け者の脳を持っている。だから、手っ取り早く幸せになりたいと願ってしまう。夢のような素晴らしい結果を求めてしまう。その手段は、誰かが見つけ出してくれること。さすが怠け者だ。そしてシンデレラと自分を重ね合わせて、ちょっと不幸な私なら、叶えてもらえるように錯覚してしまう。私たちのどこかに眠るシンデレラ願望だと思う。

こんなにも頑張ってるんだし、そろそろ幸せになったって、いいんじゃない？　私たちは、シンデレラみたいに、魔法を使ってさっさと自分が願うものを手に入れたくなる。何の努力もせずに。

実のところ、シンデレラになることはそうそう簡単なことではない。シンデレラはいとも簡単に軽やかにやってのけているので、私たちは自分にもできると思い込んでしまうが、事態はそんなにシンプルではない。

シンデレラは、「プリンセスになる脳のフィルター」を間違いなく持っている。そもそもプリンセスになる人は、人に助けてもらおうなんていう、そんな貧しい思考を持っていない。

たとえば、もし私がシンデレラの立場だったら、物語は絶対こうなる。

継母やまま姉たちにいじめられて、あまりにも辛くて、亡き父親や母親を恋しがって涙したり、頭にきすぎて「なんであんな女と再婚したわけ？　お父さんのばか！」と父親の遺影に向かって毒づいていただろう。

継母や義姉たちがお城の舞踏会に呼ばれることになったとき、なんだって私ばっかりこんなに不幸が訪れるんだと、舞踏会に行けないことで嘆き悲しみ家の中で暴れるかもしれない。あいつらがいないうちに、好きなものを食べて、ワインを飲んでやるとか小さな暴走をするかもしれない。お酒が回ってきて、継母たちがいなくなった隙に、この家の財産をすべて持って、家出を企てるかもしれない。でも待って。この家は、本当は私んちなんだと思い直して、あいつらを追い出すことにする。家中に鍵をして継母たちにはもう入れないようにしてしまうかもしれない。

とにかくみんなが舞踏会に行っている間に、私は復讐を企てる。継母たちと同じ土俵に立っているので、闘う気満々だ。一方のシンデレラは、同じ土俵に立ってなんていないので、相手にもせずにさっさとスルーできているのに。

自分も舞踏会に行けるなんて、思ってもいない。そんな華やかな場所に参加できる存在だなんて発想がないからだ。

仮に私も舞踏会に行きたいなと思えたとして、魔法使いのお婆さんが来てくれたとする。そしたら間違いなく、「何このお婆さん、私を騙す気?」と疑いの目を持って、魔法使いを見るだろう。しかもお婆さんは、舞踏会に行かせてあげるから、カボチャとネズミをもってこいなんて言ってくる。

「怪しいわ、これ、絶対怪しいやつだわ。頭おかしいんだわ、この人」

そう言ってドアを閉めてしまうだろう。

私は真面目に考えているのよ、いい加減にしてよ、そんなことしちゃいられないわ、だって私はこの家を取り戻すために忙しいんだから。そんなふうに、せっかく魔法使いに出会えたのに、自らドアを閉めちゃう展開になってしまう。そして復讐ドラマに舞い戻る。

それでも仮にさまざまな疑いを乗り越えられて、おばあさんの魔法によって、舞踏会に行けたとする。私はお城の中に入るのも躊躇する。だって、さっきまで灰をかぶってお掃除していたのに、お城に入るなんて怖すぎる。

私、汚くないかな、おばあさんのドレス、本当に大丈夫でしょうね？　これ信じても大丈夫なの？　まさか、裸の王様みたいに、実は裸なんてことないわよね？

妄想はとどまることを知らずに広がっていく。

ここが自分にふさわしい場所だなんて、全く思えない。なんとかお城に入っても、壁の隅っこに立って、人に見られないようにしたくなる。バレたらどうしよう、見つかったらどうしよう。周りにどう思われるんだろう。さっき出てきた「裸の王様だったらどうしよう」という思考が頭から離れないので、誰かが私を見るたびにドキドキしちゃう。

でもふと見ると、素敵なご馳走が並んでいる。継母が来てから、美味しいものなんて食べたことないわと、食欲が刺激されたことに気づく。豪華な食べ物に釘付けで、帰る前に全部食べようと誓っている。元を取らなくちゃと「損をしたくない計算」を瞬時にしてしまう。元と言ってもカボチャとネズミなので大したことはないのに、絶好調に貧乏思考だ。王子様に会う予定だったことを忘れちゃいそう。

私がシンデレラだったら、ガラスの靴なんて履きこなせない。なんだってこんな靴なのよ、魔法使えるんならもっと歩きやすい靴にしてよと恩も忘れて愚痴の1つもこぼしそうだ。歩きにくそうな靴を履き、姿勢正しく堂々と振る舞えない。大体靴がガラスでできているなんて、おかしくない？私の体重をこのガラスが支えられるとは到底思えない。壊れて怪我しない??

王子様に見られたら、自分がどれほど醜いのかを痛感しすぎて逃げたくなる。王子様が踊りましょうと来てくれても、力一杯断ってしまう。そんなの怖すぎるわ。本当はイエスと言いたくても、いつの間にかノーと言って走って全力で逃げる。

私がシンデレラだったら、王子様を魅了するような振る舞いも会話もできない。王子様が追いかけたくなるような美しさもない。そして舞踏会に行ったことさえ後悔するかもしれない。復讐ドラマに集中していればよかったのにと、こんな思いをさせられて、突然現れたお婆さんのせいだとすべての罪を魔法使いに被せるだろう。

そう考えると、シンデレラってすごすぎると思う。何があってもどう扱われても、絶対的な自己肯定感を維持していて、チャンスが来たら物怖じせずに向かっていく勇気もある。ガラスの靴だって履けてしまう。得体の知れないものにも完璧にオープンだ。希望を持って世界を見ることができる。加えて、王子様の前で見劣りしない美しさと優雅さを持っていて、周りの目なんて何にも気にしない。

圧倒的な自信と気品を持っている女性。そんな人でなければ、あの境遇からプリンセスにはなれない。

私たちがプリンセスになれないのは、自分で勝手に自分を否定して、境遇を嘆いたりして、チャンスが来ても、それをチャンスとも思えないその思考のせいだ。新しいものに対してオープンになれずに、逃げてしまう。疑いの目をもって世界を見て、自分の人生を信頼することができていない。何かあるといつでも逃げられるように身構えている。

私がシンデレラの立場にあったら、チャンスを棒に振る自信が大いにある。さらに幸か不幸か、チャンスを棒に振ったことさえ気づかないかもしれない。本当は、救いの手は来ているのかもしれないのに、自分がそれを見ていないだけだなんて、なんてもったいない。

シンデレラのようになりたいと願うのなら、まず私たちがしなくちゃいけないのは、自己肯定感を上げることと、チャンスから逃げない勇気を持つこと、そして得体の知れないものにもオープンになることだろうなといつも思う。

第２章
あなたも私も地球シアターの俳優

ようこそ地球シアターへ

世界は不思議なことで溢れている。この世界、宇宙の神秘について、科学が解明できているのはたったの5％だという。そして実は私たちが目にしているものもたったの5％で、残りの95％は、何が何だか正体さえわかっていない。その95％の世界は「ダークマター」「ダークエナジー」と呼ばれ、科学では解明できていないスピリチュアルな領域となる。ダークと言っても、暗黒の怖い存在が襲ってくるわけではない。全くわからないから「ダーク」と呼ばれているだけだ。見えない世界、理解できていない世界。それがこんなにも広がっている。

シェイクスピアは、『お気に召すまま』（白水Uブックス）の中でこんな言葉を書いている。
「世界はすべて舞台。そして男も女も、ただ役を演じているだけだ」

演劇の手法を取り入れた心理療法ドラマセラピーが専門の私にとって、この言葉は、私たちはみんな、母親、会社員、リーダーなど、さまざまな役割を演じているという意味だと理解していた。でも、心理療法の限界を感じた私が行き着いたのは、文字通り「本当に舞台なんだ」ということだった。「奇跡のコース」に出会い、私はシェイクスピアのこの言葉を本気で捉えてみることにした。

ところでこの「奇跡のコース」は、めちゃくちゃ難しい。そのため私はこれまで3回ほどこの学びで挫折していた。ロイド博士は、ヒーリングコードをただの癒しの「ツール」として教えているわけではない。彼は、私たちに「愛に生きること」を教えてくれる人だ。彼の教えは、「奇跡のコース」につながっていると直感的に理解し、私はあの難解な本をもう一度開くことにした。

私たちの目の前に広がるこの世界は、幻想。つまり私たちは、本当に舞台をみているだけ。見ているのは、ドラマ、心が投影している映画みたいなものなんだということ。

こんなにもリアルに感じているこの世界が、幻想なの？　そんなこと、にわかには信じられないし、受け入れ難いことだと思う。

蚊に刺されれば痒いし、美味しいものを食べると幸せになれるし、失恋したら心から苦しい。こんなにもリアルな世界として感じられるのに、『マトリックス』（仮想現実をテーマにした映画）のようなことを言われたって、困るに違いない。

それに頭で理解したところで、実際に本当に舞台なのねえ、ドラマなのねえ、映画なのねえと、実感できるようになるわけでもない。

私たちは一生このドラマをリアルに感じ続けるし、その中で翻弄され続ける。それでも「これは幻想で、ドラマだ、本当には起きていない」という考えを受け入れ始めると、目の前の世界が変わっていくということを、私は体験から断言する。この視点が手に入ったことで、心理療法の限界を感じていた私は救われたのだから。

目の前のすべては幻想だということは、お釈迦様がおっしゃることと同じだ。そして存在するものは1つしかない。「奇跡のコース」ではそれは愛だという。真実とか光という解釈もできる。何にしてもこの世界に存在しているのは、愛と真実と光しかないということだ。

ここでいう「愛」は、おそらく私たちが通常理解している「愛」ではないのだけれど、でも私たちは体験的にはそれが何かを知っている。そして「奇跡のコース」は、私たちが「愛」を体験することを邪魔する「思考システム」に気づくための学びのことを言う。

その思考システムを担う存在を「エゴ」と呼ぶ。エゴとは、いわゆる我欲のことを言うのではなくて、「私のほぼすべて」がエゴだと考えたほうがいい。何しろすべてが心の投影で、映画で、舞台で、存在していないはずなのに、私は「私」という存在に縛られている。そしてその私が思考をしてこの世界を生きている。これが全部エゴだ。

自分の心にネガティブな反応を引き起こしてくるのなら、できる限り、そのストーリーにも相手にも振り回されるのではなく、舞台から降りて真実を、つまり「私たちはみんな神さまの一部であるということを」心の目で見ることを練習していくことが、魂の私たちに与えられたレッスンだ。

でも、エゴの私たちは、エゴがつくり上げるドラマに夢中になり、「心の投影なのよね」なんて思うこともなく、あたかもそのストーリーが本当に存在していると思い込んでいる。

ということで、私の世界に現れてくる人々はみんな、私が見ているこのドラマの共演者だ。いい人も、嫌いな人も、全員が大事な共演者。みんな、めちゃくちゃいい演技をする。どんなに「エゴの幻想の世界だ」と思いたくても、この名演技のおかげで、私は瞬く間に幻想に引き戻される。舞台を降りようとしても、その演技で来てくれちゃうんなら、もう1回舞台乗っちゃう！　って感じで、売られた喧嘩は大喜びで買いに行くし、売られなくても、何かの一言でカチンと来れば喧嘩を大安売りしに飛び込んでしまう。

そうやって、参加しなくてもいいストーリーに自ら飛び込み、自分を苦しめていく。それどころか、火に油を注ぐように、ストーリーを悪化させることだって大得意だ。

「奇跡のコース」は、目の前の共演者の名演技を見てすぐさま反応するのではなく、「真実に気づくきっかけ」に変えていくことを教えてくれる。エゴに振り回されていた私たちの見方を変えてくれる学びなのだ。これまで見ていた世界を、全く違うところから見えるようになる。そうすると、問題だったものが問題でなくなったり、平和な世界が見え始めていったりもする。まさに「奇跡」を見るためのコースなのだ。

「奇跡のコース」は、１９６０年代にアメリカの心理学者ヘレン・シャックマンに降りてきた「イエス・

キリストの声」を書き取ったもので、長い歴史の中で何度も改ざんされた聖書の原型とも言われている。聖書の書き直しのようなテキストと毎日行うためのワークブックのレッスンからなっている。しつこいようだが、とっても難しい。めちゃくちゃ難しい。意味がわからない。わざと難解に書いているんじゃないかと思ったら、その通り。「サラッと表面的に理解させない」ためのようだ。

何度も挫折してきたが、意識レベルを上げるためのもう1つの方法として、私は「奇跡のコース」を学ぶことにした。「奇跡のコース」は「体験するもの」だと思う。それは、私たちの通常の思考では理解できない世界に突入していく学びだからだ。

瞑想などをして、脳の状態が潜在意識とつながることができるアルファ波、シータ波まで到達できたとしても、論理的な思考が好きな私たちは、潜在意識から離れてしまうベータ波の脳で理解したくなってしまう。そうすると、エゴに乗っ取られてしまう。エゴの私たちは、頭で理解しないと安心できないからそうするのだが、潜在意識とつながりたいのなら、「頭で理解しようとすること」を手放さなくてはいけない。

「奇跡のコース」のレッスンは、脳に新しい回路をつくるような、そんな今までにない思考方法を教えてくれるものだと私は思っている。

ざっくりいうと、私たちは脳の思考回路の3％しか使っていない。この3％がヘビーローテーションで使われているので、幹線道路並みのど太い回路ができているため、私たちは常にこの回路を使いたくなる。レッスンを続けていくことで、新しい思考回路を開拓できるようになる。ベータ波の脳では到達できない回路だ。道なき道を進むように新しい回路をつくっていくことで、私たちの意識レベルも上げることができる。

この世は舞台。シェイクスピアのロンドンの劇場は「グローブ座」という。つまり地球シアターだ。あれだけ人間の真実を書いたシェイクスピアなので、悟りの境地に至った人だと言われることもあれば、実は１人の人間ではなかったとか、宇宙人だったという噂も聞いたことがある。真実は１つのはずなのに、本当のことは、もはやわからない。

でもとにかく、シェイクスピアは知っていた。この世界はただのドラマで、私もあなたも、誰も彼もが、俳優だということを。

私の人生は悲劇？　喜劇？

「奇跡のコース」をとても簡単に説明するとこういうことだと思う。

私たちは神さまと一体の１つの光だった。その光から「エゴ」という意識が飛び出した。エゴは、神さまと溶け合うように光の一部だったところから「私」という存在をつくり出す。光という完璧な安心と平和でできている場所から離れたために、不安を感じてしまったエゴはハッと気づく。「神さまから離れてしまって、神さまは私のことを怒っているに違いない。悪いことをしてしまった」

そしてエゴは一目散に神さまから逃げ出す。見つかったら、めちゃくちゃ怒られる。怖い。逃げても逃げても、罪悪感は付きまとう。なので、いつも心の中で怯えながら「バチが当たるんじゃないか」と思っている。そういうわけで恐怖と罪悪感を抱えるようになってしまう。これがエゴのデフォルトの考え方だ。それは、私たちの普段の考え方とも言える。

一目散に逃げるときに、エゴは分身の術を使い出す。つまり分離だ。そもそも神さまから離れるということをやってのけたので、まさにエゴの得意技だ。細胞分裂みたいに、私とは違ういろんな人、いろんなものをどんどんつくり出して、「ウォーリーをさがせ」みたいに、神さまの目をくらませる計画だ。こうすれば神さまから見つかることはないはずだ。そうやってエゴの私たちは、この世界をつくり出した。だからこの世界も、そこに存在してるものも、すべてが「私の一部」なのだ。

私たちが現実だと思っているこの世界は、エゴの思考の中に存在しているだけであって、実際には幻想だ。エゴは神さまから一度も離れていないけれど、現在エゴは夢を見ていて、神さまからの逃亡劇の夢が真実だと思っている。

この世界は、私たちの心が投影している映画だ。本当に存在しているものは、愛という真実だけ。「奇跡のコース」は、幻想から目覚めるための方法を教えてくれる。

エゴとは、「私が意識している私」という存在そのものと言っていい。

大海が神さまだとイメージすると、その中の一滴が本来の私という存在だ。大海にいると私と神さまを隔てる境界線はなく、私という自己も存在していない。そこで一滴の私は、ペットボトルの中に入り、神さまとの境界線をつくり出す。これが「私」の誕生。中に入っているのは、神さまと同じ水なんだけれど、ペットボトルという身体によって、私は「私」という存在を確立させたと思っている。というわけで、エゴとは「私」のことになる。

エゴの私は、内側は神さまと同じ要素でいっぱいなのに、自分の身体のペットボトルに夢中になっている。海から上がって、自分でつくった島で他のペットボトル人たちと暮らし始める。

でもこの世界を自分でつくったことも忘れ果てて、この中で起きるいろんなことに翻弄されていく。喧嘩したり、恋愛したり、お金儲けをしたり、お金を失ったり、夢を叶えようと何かに挑戦したり、夢破れたりして、そうやって大海の存在をどんどん忘れていく。

エゴの私たちの原動力は、基本的に恐怖と罪悪感だ。わかりやすい言い方にすると、「この世界は安心できず、私には価値がない」という思いだ。だいたいすべてのストーリーがそこから出来上がっていることに気づけると思う。

すべてを超越した神さまという唯一の存在から離れて、全体の一部だったことを忘れたエゴの私たちは、二元の世界に住んでいる。それは、善悪など相反する2つの要素を同時に持ってしまう世界だ。だから私たちは常に矛盾した思考を持っている。自分の価値を感じるために、人を批判する一方で、自分には価値がないと恐れてもいる。目の前の相手次第で、優越感を持ったり、劣等感を持ったりする。人とつながりたいと思いながらも、人に攻撃されないようにと、いつでも身構えている。

恐怖を感じないために、夢中になれるものをつくり出して、その中に没頭することもある。常に思考をしている私たちは、気づくと過去や未来に行ってしまったり、目の前にある世界の問題に目を向けてしまう。そうやって思考を使って忙しくしてしまって、文字通り「心を亡くす」のだ。

「分離」が得意技なので、問題を解決するために、新たな問題をつくり出したり、切り捨てることしかできない。たとえば、挨拶したのに同僚に無視されたとする。嫌われているかもしれないという不安や無視されたことへの怒りなどを感じ、「その思いを解消させるために」、その人の悪口を誰かに言ったとする。すると、今度は告げ口をされないかと気になり始める。そして悪口を言ってしまった相手に「嫌われないようにするために」気を遣い始めてしまう…こんなふうに私たちは問題を解消しようとして、問題を新たにつくっていく。だから、問題は永遠に続く。「問題をつくり出した意識レベル」というのは、まさにエゴの状態だ。

ロイド博士も、恐怖から動くと、物事はうまくいかないことが多いと言っているが、恐怖から離れて、「愛の状態」から動くことができると、「問題を解決できるレベル」に到達できるし、望んでいる結果を得られやすくなる。

でも私たちは、気づかずに恐怖から動かされている。本当は、愛しか存在してしないと言われても、エゴの思考のせいで「愛」とつながることが難しくなっているのだ。「奇跡のコース」は、私たちが頭では理解できないこの真実を体験するべく「エゴの思考の癖」に気づくための学びだ。

神さまは私たちの幸せだけを願っている。「奇跡のコース」は、「どうせ夢なら、いい夢見ましょうよ」というスタンスで、エゴの幻想であり、私たちが「現実」だと思っているこの世界を、幸せなものに変えていくための方法も教えている。

だから「あ、今、エゴの思考に動かされている！」といちいち気づく練習をする。

それと同じ意味として「奇跡のコース」では、「聖霊、ホーリースピリット」に、真実を見せてほしいと頼みなさいという。

私の本来の「自己」は、どんな瞬間も、エゴの目線か、神さまとつながるホーリースピリットの目線のどちらかを選べるのだ。ここでホーリースピリットの目線を選ぶことができれば、世界は大きく変わっていく。この状態こそが「問題を解決できる意識レベル」だと私は思っている。

ここを体験できたからこそ、私は「奇跡のコース」が私の最後の答えだと信じるようになった。

だから、どんな出来事も、「神さまを思い出すきっかけ」だと考えればいい。

とはいえ、その瞬間、ホーリースピリットを選べるかどうかは、ものすごく難しいレッスンだ。私なんて、しょっちゅう失敗している。「愛を持って世界を見たい」と願った瞬間に、武器を片手に争いの中に入り込む感じだ。エゴを選ばないでいるというのは、相当な忍耐力が必要なのだ。恐怖から動かないようにしようという決意なんて、簡単に忘却の彼方に追いやられる。「いつだって選択肢がある」ということも、私たちはすぐに忘れてしまう。


私たちは永遠の健忘症を患っている。愛に生きる！　と決めた30秒後に、お金の心配をするかもしれないし、過去に言われた嫌なことを思い出すかもしれない。目の前の人に腹が立つかもしれない。どれほどネガティブな思考をしているんだろう！　と気づくとびっくりする。

過去の記憶を引っ張り出してきて、今この瞬間の気分を害することができるのは、人間だけだ。どんなにエゴに持って行かれない決意をしても、瞬く間にエゴにさらわれる。もっと言えば、エゴにさらわれていることさえも気づかないで、頭の中で繰り広げられる思考に夢中になる。


この健忘症は、一生治らない。しかも重症なので、「奇跡のコース」は、5分おきに、10分おきに「思い出しましょう」と、レッスンを促すのだ。

最初、私は冗談だと思っていた。毎日一生懸命生きているのだから、5分おきにレッスンなんてできるわけないじゃないか。「奇跡のコース」だって「難しいよね」とわかっている。それでも大真面目だ。それくらい私たちはエゴに持っていかれるという意味なのだ。

幸福な道を選ぶことができるのに、わざわざ怒りや悲しみの中に入っていける私たち。

永遠の健忘症を患い、恐怖に乗っ取られて、わざわざ不幸になる方法を選べる私たち。これって悲劇？　喜劇？　チャップリンは言っている。「人生はクローズアップして見れば悲劇だが、ロングショットで見れば喜劇だ」

神さまはゴキブリなんてつくっていない

神さまがいるのなら、なぜ戦争が起きるのか。「神さま」が理由で戦争だって起きてしまう。私はいつも不思議だった。でも大人になるにつれて、戦争の裏にある国と国の、大人たちのあらゆる問題が見えてくるため、戦争については、神さまとは切り離して考えるようになっていたと思う。

でも神さまがいるのなら。やっぱり消えない疑問がある。それは、なぜゴキブリが存在するのかだ。ゴッキーは、私が知る限り、絶対にこの地球に必要のない生き物のような気がしてならない。あらゆる生き物が、この美しい惑星の中で調和をとって存在しているとしても、ゴッキーだけは別にいなくてもいいんじゃないかと思う。

これは私にとって、どうでもいいけれどものすごく大きな疑問だった。ゴッキーなんて、人間の大きさと比べたら小さなものなのに、自分の住んでいる空間にいると知っただけで、安心できない空間になってしまう。あんな小さな生き物に、私の空間が侵されてしまう。そして出会おうものなら、恐怖に陥れられてしまう。なぜいるんだろう、神さまはどうして、ゴッキーをつくったんだろう…。

この疑問が解けたのは、「この世界はすべて幻想である」という考えを、本気で取り入れるようになってからだ。

これまで、この世は幻想だという言葉は何度も聞いたことがある。でもそんなことは、本気で信じてなんかいなかった。こんなにもリアルに見える世界が、なぜ幻想なのか。これはきっと単なる概念で、死なないとわからないんだろうなと思っていた。

「奇跡のコース」に出会い、私たちが毎日を過ごしているこの世界が、本当に幻想だということ、私たちが見ている現実はエゴがつくり上げたものだということを、少なくとも頭で理解するようになってきた。真実は愛しかないと言われてみて、神さまはこの恐怖や苦しみや争いがある世界をつくっていないんだということがわかってきた。

「奇跡のコース」を理解するのにベストな本でもある『神の使者』（ゲイリー・R・レナード著河出書房新社）という本の、英語のタイトルは、The Disappearance of The Universe、つまり宇宙の消滅だ。宇宙だって本当は存在していないってことだ。

神さまは、この世界をつくっていない⁉　目の前で繰り広げられるこの生々しい出来事はすべて、エゴがつくったドラマ⁉　この考えを受け入れるのは、相当難しいことはわかっている。でも、シェイクスピアが言ったように、「ただ、この世界はドラマなんだ」と一旦考えてみて欲しい。すべてがドラマなのだ。現実になんて起こっていない。

とにかく、この世界はエゴがつくったもの。戦争だってゴッキーだって、つくったのはエゴであって、神さまではない。私が私だと思っているこの「私」だって、本当のところは、つくったのは神さまではない。神さまがつくったのは、エゴの私の向こう側にいる「真の私、神の子の私」だけ。だから、ゴッキーだけを神さまがつくっていないわけではない。ゴッキーも「私」も、そういう意味では同じだ。

すべてが調和しているように見えていて、世界は完璧にできているような気がするけれど、その世界に残酷さや理不尽さ、そもそも「死」が存在しているのも、エゴがつくったものだからだ。神さまがつくったものは愛だけで、神さまは、恐怖と罪悪感なんてつくっていない。

恐怖と罪悪感がベースになっている世界は、エゴの世界。私たちが、肉体的な目で見ているのは幻想。

この世界に見えてくるものはすべて、エゴがつくったものだけれど、そこに振り回されるのではなく、神さまにつながるための「道具」として使うことを、奇跡のコースは教えている。

いつだって目の前で繰り広げられていることが単なるドラマなら、そのドラマの中で夢中になって取っ組み合いをし続けるよりも、観客に戻ったほうがいい。観客に戻ることで、神さま目線の世界を垣間見ることができるようになるのだ。

神さまは戦争もゴッキーもつくってはいないけれど、エゴの私たちができるのは、その恐怖の象徴的存在を通り越して、愛を見る体験につなげることだ。

そういう意味では、私にとって最大級の恐怖のゴッキーは、愛の体験のためのいい練習相手になるのだろうか。うーん、それは嫌だわ…。やっぱり愛の学びは簡単じゃない。

偉大なるスコトーマ

神さまは、この世界をつくっていない。私たちに見えているのは、エゴがつくったストーリー。恐怖と罪悪感を抱えたエゴが織りなすストーリー。私たちが夢中になっているのはエゴが見せてくる「舞台」であり、真実ではないのですよ。

ということで、戦争もゴッキーも、そして私が私だと思っているこの存在さえも、神さまはつくっていないことになる。真実は愛と光しかない。そして本当の私というのは、「私」という個人を通り越して、すべての存在と、神さまと一体となった存在…なのだけれど、そんなこと、当然簡単に理解することなんてできない。

恐怖と罪悪感を抱えている私たちは、「自分は正しい」と思い込みたい。なので、誰かと比較して、自分のほうが偉いんだ、自分のほうが善良なんだと訴えたくなる。そうやって神さまにアピールすることで、自分が救われると信じている。

でも神さまはこの世界をつくっておらず、神さまには私たちが苦しもうが、悲しもうがそれさえも見えないという。ねえ、私って可哀想でしょ？　ねえ、私、苦しいのよ、助けてよと、神さまにアピールしても、私はこんなにも正しいことしてるのよと訴えても、実は無駄なのだ。

神さまがつくったわけではないので、神さまは「この世界の私の苦しみ」なんて理解できない。そもそも神さまレベルの真実には、私たちが考える、正しいことや悪いことなども通用しない。私たちは善悪で判断して、悪いものが罰せられると信じているけれど、この世界には、悪いことをしていそうな政治家やお金持ちが、何にも罰せられることもなく普通にいることも、私たちは知っている。

だからと言って、悪いことをしていいと言っているわけではないけれど、すべてはエゴのストーリーで、この中は矛盾だらけなのだから仕方がない。

「奇跡のコース」は、このエゴのストーリーの向こう側、この幻想を通り過ぎたところにある真実を見るためのコースであり、誰もがみんな魂の存在、神の子だということを「心の目で見る」ためのコースだ。神さまのレベルにいくと、私たちはみんな何の違いもない、等しく価値のある光の存在になってしまうのだ。

神さまの目線は、抽象度が非常に高いといえる。だから、神さまレベルにまで意識が届くと、私たち人間が思考する世界を超えてしまうため、人間の目線で見た善悪が通用しなくなる。とにかくそのレベルにまでいくと、目に入ってくるのは、愛だけになる。何をどう訴えても、神さまには愛しか見えないということになる。

私はこれを「偉大なるスコトーマ」と呼ぶ。

神さまの脳のフィルターは、愛しか引っかからないようにできているので、何を見ても愛しか見えないという感じ。

神さまは、悪いことを罰する怖い存在ではなくて、ただただ私たちに幸せを願ってくれている。だから、すごい言い方をすると、徳を積まなくても、神さまは私たちを受け入れてくれていることになる。

でもじゃあ、何をやってもいいかというとそういう意味でもない。神さまは許してくれても、自分が、社会が許してくれないという中で生きているわけだし、私たちは罪悪感から離れられないので、自分のために、自分が人として正しいと思うことを選んだほうがやっぱりいい。そういう心持ちのほうが、うまくいく。

私たちを邪魔する余計な思い込みを持たないために「徳を積む」のがいい。でもそれは決して、神さまにアピールするためではない。

とても小さな子供が、泣いて怒っていても、大人からすると、まあかわいいと見えてしまうのと同じだ。神さまレベルになると、私たちが何をしても何を言っても、神さまには「かわいい我が子」なのだ。神さまは、私たちとは世界の見方が全然違う。だから自分目線で考えても無駄なのだ。

このレベルまでいくと、実は性格悪いんですよとか、子供の頃意地悪でしたとか、親のお財布から１０００円盗んだことがあるとか、そういうことなんか、どうでもよくなるくらい、愛しか見えなくなる。

これが「許す」ということだ。あんなことされたけれど、許してあげるわよ、ということではなくて、「あんなこと」を通り過ぎて、「あんなこと」という過去が、脳のフィルターに引っ掛からなくなってしまうくらい、愛しか見えない状態のことだ。

神さまは、私がちょっと誰かに意地悪だったり、悪口を言っちゃったことや、何か失敗しちゃったことなんて、全然気にしない。そんな状態で私たちを見ない。

全部エゴの世界のお話で、私たちは、恐怖と罪悪感でみっともなく動き回っているだけで、魂の世界では、何にも起きていない。

神さまは愛しか見えないので、エゴのストーリーまみれの私たちではなく、本来の私たちだけを見ている。私たちは、神さまにとっくに愛されているし、もともと許されているのだ。

偉大なるスコトーマのおかげで、私たちは完全に救われている。でも、この偉大なるスコトーマがあるために、無駄な神さまアピールをしても神さまには何にも通じないのだ。

完全なる自由

幽体離脱の経験をしたことがあるという人が、本当に自分は身体ではないんだなあと知ったという話をしてくれたことがある。私はそんなすごい体験をしたことはないが、少し似たような感覚で大好きな体験がある。

これを大好きだというと、とても不謹慎で、あまり大声で言ってはいけない気がするけど…。

実は、私は気を失ったときに、意識が戻ってくるあの瞬間がとても好きだ。

大人になってから気絶した経験がしょっちゅうあるわけではないが、大体2、3年に1回くらいの割合で体験している。しょっちゅうあるわけではないと言いつつも、まあまあの頻度かもしれない。大丈夫なのと心配してくださる方もいるが、自分では一度も心配したことがない。最近では、幽体離脱のように魂が体から抜けたかったからなんじゃないかと思っているくらいだ。

気を失う前は、ちょっと怖い。あ、これ、あれだ、気を失う前の感覚だ…。一瞬だけ自分が死んじゃうような気がして怖いのだが、気を失いかけているから何もできない。家族に、今から気を失いますと宣言して倒れ込む。

大して長い時間ではないらしいけれど、私には永遠のようにも感じられる、異次元トリップ。

気を失っている間のことは当然覚えていない。でも、意識が戻ってくるときが、とてつもなく面白いのだ。このとき、私はものすごい自由、完全な自由を感じている。身動きも何一つできないのに、何が自由なのかと言われそうだけれど、本当に自由なのだ。自由というのは、やはり心の問題なのだということがよくわかる。

意識が戻ってくるときに、最初に見えてくるのは、家族の姿やリビングルームだったりする。そしてその瞬間私は、「ここはどこなんだろう、そして目の前にいる人は誰なんだろう、で、私は誰なんだろう」と、少しずつ考え始める。

ほんの一瞬なんだと思うけれど、私の中ではとてもゆっくりゆっくり進む。

自分が誰かわからず、誰でもなくてなんでもないというのは、自分が普段自分に課している「私」から完全に自由な状態だ。

そして、誰なんだろうと考え始める前は、何も考えていない、なんていうか、もしかしたら赤ちゃんの脳の状態なんじゃないかと思う。

世界と私が一体だと知っているようなとき。ワンネスと言われる体験とはちょっと違う気がするが、とにかく世界に溶け込んでいる感じがする。

私はこのとき、なんだかわからない至福さえ感じている。家族にしてみたら、心配だろうし、戻ってきた後は少し気分が悪い感じで30分くらいは横になっていたいので、迷惑もかけてしまうから、不謹慎すぎていえない。この時間が私はものすごく好きなのよなんて。

なぜ私が突然、自分でも予期せぬときに気を失うのかはさっぱりわからないが、多分、この感覚を時々持つことで、真実を思い出すためなんじゃないかと思っている。私たちはやっぱり体なんかじゃなくて、この世界を超えた見えない世界の一部で、神さまと一体の存在なんだということを。

でもどうせなら、幽体離脱という形で体験してみたい。

第3章
脳内に新しい世界を開拓する

脳の違うところを動かすレッスン

怪しいと訝しがられながら、ドラマセラピーや心理の仕事を始めてもうすぐ20年。潜在意識について語り出してからは、「潜在意識とか言っている人はちょっと」と警戒されながら距離を置かれたことも何回かある。そういうとき、短気な私が出てきて「あなたには潜在意識がないとでも思っているのですか?」とか聞きたくなっちゃう。

私から逃れても、潜在意識からは逃れられない。自分には関係ないことと思っちゃいけない。なにしろ私たちを知らないうちに動かすダイナマイトパワーなんだから。

脳の潜在的能力のうち、たったの3%しか使用できていないのだとしたら、私がこれまで夢中になってきた、ちょっと怪しくて難しそうなワークは、多分普段使っている脳とは違う部分を刺激するものなんじゃないかと思う。

それは、使っていない脳の97%に働きかけるような、普段の思考では理解できない世界だ。

私が夢中になった演劇者、グロトフスキの仕事について、世界的に有名な演出家のピーター・ブルックは「もしも時代が違えば、精神世界探求の自然な展開として見なされていただろう」と言っている。

実際、グロトフスキのトレーニングは、私たちの中の「爬虫類の記憶」を目覚めさせるためのものだった（小脳や脳幹は爬虫類脳と呼ばれる）。

言ってみたら、潜在意識のど真ん中と繋がろうとするようなものだ。時代が時代なら、私がやっていることも引っ張りだこだったかもしれないのなら、とっても残念。


グロトフスキの厳しいトレーニングをマスターしたと言われる俳優のひとりレナ・ミレッカは、グロトフスキ亡き後も俳優修行を続けてきた。私はレナの元でトレーニングを受けてきたが、やはり彼女のワークも、通常の頭の使い方を超えている。生前グロトフスキがブルックに言ったという。

「いつか、生きているうちに、私たちが目に見える世界と信じているものの、境界線の向こうにあるものを見たいんだ」


脳の普段使っていない部分を鍛えることで、この世界の向こうにあるものが見えてくるんじゃないかと私は思っている。

グロトフスキは、「人類普遍の真実」を表現すること目標にしていたし、客観的に誰にでも共通する真実を、観客に体験させることが、彼の「聖なる俳優」の仕事としてきた。そう、グロトフスキや彼の俳優たちにとって、舞台芸術は神聖な仕事だったのだ。

作品を見て、各々好きなように感想を持つのではなく、そのもっと向こう側、１つしかない真実に辿り着こうとしていた。彼にとって、好きだ嫌いだなどの主観的な感想なんてどうでもいいのだ。

グロトフスキが目指した人類普遍の真実は、「20世紀最大の魔術師」などとも言われる神秘思想家、グルジェフの言った「客観芸術」ともよく結びつけられている。

芸術は、見るものの状態により受け取られ方も変わる、ある意味不安定なものだけれど、「客観芸術」は、それとは全く異なり、数学的に計算され尽くされ、見るものの連想や状態に左右されず、鑑賞者に等しく同じ印象をもたらすという。グルジェフは、神聖舞踊と呼ばれるダンスの中で、このたった1つの人間の真理に辿り着くことを目指した。エゴの世界を超えたところにある究極の真実。

それは、普段の思考では到達できない。そんなわけで、彼らのトレーニングはすべて、いつもは使わない脳の部分を鍛えるようなものになっていたのだと思う。

グルジェフダンスは、上半身と下半身、右半身と左半身、さらに頭と、体を大きく5つの部分に分けて、それぞれ違うリズムを持って違う動きをする。1つずつのパートを体に叩き込むように覚えていき、最後にすべてを合わせてダンスする。完璧に計算されているという。

えーと、この次はなんだっけ、というように「頭で整理する」ことなんかしちゃうと、あっという間に置いて行かれてしまう。他の人の動きを真似しようとすると、やっぱり置いて行かれる。

車の運転は潜在意識が引き受けてくれるように、ダンスも潜在意識に覚えさせている感じだ。顕在意識で頑張ると訳がわからなくなる。完全に自分を集中させて、ただ体に覚えさせていく。上手く踊ろうとするのではなく、ただひたすらこの動きを正確にできるようにするという感じは、いつものダンスとは全然違う楽しさがある。

ダンスが終わった後、視界がものすごく広がり、清々しい幸福感に包まれたのを感じた。あまりのことにびっくりした。ほんの少しの時間だったけれど、これまで見ていたのとは違う世界が目の前に広がり圧倒された。この感覚が病みつきになり、私はしばらくグルジェフダンスにハマってしまったほどだ。

エゴの世界にどっぷり浸かっていた私に、普段の私以上の何かを思い出させてくれる瞬間。それはレナのトレーニングでもたびたび起きた。こんなにも至福のときを私は人生で感じたことはないんじゃないかと思うほど、自分が完璧で完全な魂だと感じられる瞬間だ。

「奇跡のコース」のレッスンも、通常の頭で理解して落とし込もうとすると、訳がわからなくなる。「私が見ているものには意味がありません」とか「私は目に見えるものを理解していません」など、最初に始まるレッスンの、文章１つひとつが本気で意味がわからないのだ。

鉛筆持って、この鉛筆には意味がありませんとかいうのがレッスン⁉　どういうこと⁉　この文章のほうがよっぽど意味不明なんだけど!!

私たちは「わからない」と思うと、異質なものとして排除したくなる。

科学が解明しているのはたった5％のこの世界、ダークエナジーやダークマターは、当然「意味がわからない世界」のはずなのに、「わかっているもの」に固執したいのが私たち。

脳に新しい神経回路をつくるようにして、わからない世界を、いつもとは違う形で「理解」していく必要があるのだ。

通常の理解を超えた理解なので、私はそれを「体験するもの」と呼んでいる。だからグロトフスキもグルジェフも、体験する形で落とし込んでいたんじゃないかと思う。

みんなで白い服を着てやってみたり、グロトフスキなんて男女揃って黒ビキニでやるエクササイズもあったりするし、偉大なマスターたちは、自ら進んで怪しさを倍増させている気もしないでもないが、ダークワールドへの理解を深めていくための活動は、怪しさを伴うのが普通だということが常識になってほしい。怪しいなと思われる心の修行は大体、残り95％の世界のためだ。

使えていない脳を鍛えていくことができたら、「見えている世界の向こう側」が体験的に理解できるようになるはずだ。そしてもっと大きな存在としての自分、永遠の命の自分とのつながりを、感じられるようになるのではないかなと思う。

時代さえ違ったら、グロトフスキのワークが精神世界の大人気ワークになれるかと思うと、その時代にめちゃくちゃ住みたい。

残り97％の脳の回路を開拓する

ものすごく大雑把にいうと、私たちは脳の潜在的な可能性の３％しか使えていないと言われる。私たちは、慣れ親しんだ思考パターン、脳の神経回路を使って、この世界を生きている。Ａという刺激を受けて、Ｂという反応をするというように。

こんな感じでいつも決まったパターンの中で生きている私たち。多分ここに幹線道路並みに太い神経回路ができていて、違うパターンで考えることが難しいくらい、慣れきった思考を使っているのだなと思う。

脳の神経回路を増やすためには、いろいろな経験をするといいと言われる。今までしたことがない経験を増やしていくことは、コンフォートゾーンを広げることにもなるから、脳のフィルターを変えていくいい方法だ。お金持ちになりたければ、お金持ちの真似をしたらいいというのも、神経回路を増やすことを意味していると思う。

新しい神経回路を開拓しているときは、すごく居心地が悪い。これまで快適に幹線道路を使っていたのに、急に道なき道を行くことになり、新しい道路を自分でつくることになるのだから、そりゃあ大変なことだ。この新しい道路の開拓は、簡単ではない。気づくといつものパターンに戻るのが私たち。

何度もいうけれど、脳は変化が嫌いだし、わからないものや新しいものは、私たちを不安にさせるから、ストレスレベルだって上がっている。潜在意識だって、危険だ、危険だと大騒ぎしている。そんな大反発を感じながらの、脳内道路工事なんだもの。

新しい文化に入り込むと、脳内道路工事はかなり進む。異国文化でもいいし、世代が違う世界に入ったっていい。普段一緒にいる人たちと違う考え方を持つ人たちに囲まれることで、自分が信じてきた常識が一気に崩してもらえる。

私は、世界中にいるお友だちに本当に感謝している。私が「ワクワク常識の枠を外しちゃおう！」と思えるようになったのは、みんなのおかげだ。

脳内の道路工事は、「普段の思考」から離れていくことでもある。私たちに必要な情報は、潜在意識に眠っている。よいアイデアが欲しいと思いながら、潜在意識とつながるために私は瞑想する。でもリラックスしているふうなだけで、頭はフル稼働。考えることをやめられない。潜在意識とつながりたいのに、私の思考が邪魔してくる。

6歳以下の子供たちの脳波はシータ波だと言われ、「トランス状態」のように潜在意識とつながっている。抽象的な想像の世界に住んでいるため、批判精神や合理的思考はほとんど持たず、起きた出来事、言われたことなどをそのまま受け止めてしまう。その後8歳くらいまで、脳波はアルファ波になり、子供達にも少しずつ分析的な思考が生まれてくるが、内面の想像の世界は依然として外界の現実と同じくらいリアルに感じられている。12歳を過ぎると、脳の活動はベータ波という高い周波数になり、ほとんどの場合、潜在意識とつながる扉は閉ざされてしまう。大人の私たちが潜在意識とつながれるのは、脳波がシータ波、あるいはアルファ波になれたときということになるが、それは、深いリラックス状態になったときに到達できる状態だ。

通常モードがベータ波の大人の私たちはいつでも思考することが大好き。何ならこれですべてが解決できるとさえ思っている。考えるなと言われても、考えちゃう。

潜在意識には、私たちの問題解決や夢を叶える方法につながる情報が、きっとものすごくたくさんあるはずだ。そんなわけで、瞑想などをして、せっかく脳の状態がシータ波に近づいたとしても、その気持ちのよい状態に到達した途端、私たちはいつもの思考回路を使って、いいアイデアを探そうと考え始める。そしてせっかくつながった潜在意識の扉をパタンと閉めて、台無しにする。

自分でも何やってんだかと思うけれど、すぐに思考に入りたくなる。「頭でわかっている」という感覚を持つことで、私たちは世界をコントロールできた気持ちになれる。ゆだねることを上手になりたいのに、コントロールもしていたいという大きな矛盾を抱えているのだ。

「奇跡のコース」のレッスンも、思考を使ってしまうとうまくできなくなる。考えることを手放して、神さまの目線を取り入れるトレーニングなんだと思う。

余計な思考を入れずに、ワークブックを文字通りに従ってちゃんとやると、確かにいつもと違う次元に到達できそうな気がする。潜在意識につながって、神さまにつながって、普段の自分では得られない何かが感じられるようになる。

「奇跡のコース」は、私たちが願うことでもなんでも、神さまと私たちをつなぐ「ホーリースピリット」に聞きなさいと言う。この世界をもっと幸せに生きるために、神さまのアイデアをいただくのだ。そしてその答えは本当にその瞬間与えられているという。

でも自分で考えることをやめられない私は、ホーリースピリットに聞いた途端、考え始めてしまう。そうやって、答えを受け取る前に、私たちは「答えが入ってくるドア」を閉じてしまう。常に自分で答えを出そうとしてしまう。もったいないと思いながらも、思考をやめられない私たちは、思考して答えを出そうというういつもの幹線道路をうろうろしちゃう。

答えはすべて、私たちの中の「見えない世界」にある。それなのに思考することで、「見えている世界」にとどまってしまい、答えを受け取れない状態を自らつくっている。私たちのこの思考ぐせが、夢を叶えることを邪魔しちゃうということを、ちゃんとお覚えておかなくちゃね。

私の中の自然とつながる儀式

イギリスで開催されたサウンドヒーリングの学会で、お茶をご一緒していたご婦人キャサリンさんが、これまではエネルギーワークとしてレイキをやっていたけれど、最近新しいものを学び、これが素晴らしいのよと教えてくれた。日本のものだというそのエネルギーワークとは、ＪＯＲＥＩという。ＪＯＲＥＩ、ジョレイって、除霊⁉

ローマ字で、イギリス人の女性から語られるその言葉は、ポップな響きで、私のイメージする除霊から遠くかけ離れている。除霊とは欧米ではエネルギーワークの１つなのかあ、確かにそうかも。おどろおどろしく感じていた世界に、新たな光が注ぎ込まれた感じ。


とても親切なキャサリンさんは、私がポーランドで研究をしていて、あらゆる儀式に大変興味を持っていることを知り、彼女のご友人のドルイドを紹介してくれることになった。

ドルイド教とは、古代ケルト人に信仰されていた自然を崇拝する宗教で、その祭司のことをドルイドと呼ぶ。

もうすぐ冬が終わる儀式があるはずだからとキャサリンさんに教えられ、私は早速そのドルイドのロレインに連絡をし、2月のイモルクと呼ばれる、春の訪れを祝う儀式に参加させていただくことになった。

ドルイドというのは祭司であり、ドルイド教のリーダーだと思っていたら、行った先には、ドルイドがわんさかいた。現代は、3年間のホームスタディを経て、ドルイドになれるそうだ。その中でも先生の役割をしていたのがロレインだった。

現代社会に生かせる形で教えられているドルイドの教えは、とても魅力的なもので、私も学びたくなってしまう。私が大切にしたいことがすべて入っているし、真実は本当に1つなんだと改めて感じる。

その日のロレインは、色々なところで儀式を執り行うことになっていたらしく、私は朝から彼女とすべての儀式に同行させてもらった。

あまりに田舎なので近くにはホテルがないとのことで、私はロレインのお宅に泊めていただき、夜はドルイドたちの夕食にもご一緒させていただいた。たくさんのドルイドたちに囲まれて、私のいろんな質問にも快く答えてくれた。見知らぬ日本人を温かく受け入れてくれて、よく考えたらすごいことだと思う。

でも反対に、日本人の友達に、ドルイドの儀式に行ったんだよという話をすると、知らない人の家に泊まったの、大丈夫だったの、よくそんなことを平気でするわねなどと心配されてしまう。しかも除霊の人に紹介されたなんてますます怪しまれてしまう。

こういうとき、私には用心とか疑うという感覚が全くないため、本当に私は人とずれているのだなあと思わずにはいられなかった。けれど、知らない人のお宅には、よく考えたら何度も泊めていただいている。

特に儀式的なワークのために訪れる場所は、決まって辺境の地が多く、毎回誰かの家に泊めてもらっていたが、一度も心配したことなんてない。

儀式に興味を持っていることも、さらには実際に参加するという行為自体も、そもそも「普通」では考え難いことなので、私は本当に「常識」から外れているのだと思う。

余談だが、ポーランドの田舎にあるガルツェニーチェという村を拠点にした有名な劇団がある。リサーチでその劇団の公演を見にいったとき、ホテルがないので俳優たちの家に泊めてもらうことになった。ポーランドの女性の名前は通常ａで終わる。私の名前はSachikoでｏ終わるので、日本語の名前を知らない人にとっては「男性の名前だろうな」と思われてしまったため、女優さんたちの家ではなく、男優さんたちの家に泊まらせていただくことになってしまった。

ガルツェニーチェにはその後も数回訪れたが、初めて訪れたときに男優さんたちと仲良くなっていたので、毎回そこにお世話になっていた。

ロレインは、古い駅舎を自分の家にしていて、彼女の家の裏側には、もう使わなくなった線路が残されていた。駅に住んでいるドルイドなんて彼女にピッタリの家だ。

泊めていただくことになったとき、「私の家は汚いから」と言われていたため、心の準備はできていたが、予想以上に汚かった。散らかっているのはもちろんだけれど、5年前に買ったというその駅舎は、買ったときから特に手を入れていないよね？　と突っ込みたくなるような感じで、住む場所にはまだなっていなかった。

「いつかきれいにするのよ」と言っていたのが、ドルイド教を教える先生なのに、なんだかとっても人間的で親しみを感じる。

いつも思うけれど、日本人が「掃除してないけれど、どうぞ」と家に上げてくださるときは、単なる謙遜で、大体みんなある程度きれいにされているが、欧米人の友だちは、遠慮なく汚い。どんなに汚くても、友だちを招くことができるのが、私にも大きな自信を与えてくれる。ホスピタリティとは、気を遣わずに気軽に楽しい時間を過ごすことなんだよなと思い出させてくれる。

ドルイドは、私たちは皆複雑に絡み合う創造の中にあり、すべてを神聖な存在として扱う。自然界や昔から語り継がれたお話、霊的な存在などから学びを得て、人生は通過儀礼が続く旅だと見なし、成長していくことを大切にしている。生き生きと今この瞬間を充実させることが、ドルイドの毎日の基本的目標でもある。

ドルイドには1年を通して8回の儀式がある。儀式が重要なのは、自分の中の自然のリズムともつながるため。ロレインと一緒に儀式をしていると、森や山や動物たちも風も光も一緒に参加しているような気持ちになった。ロレインはその通りよと微笑んだ。

ドルイドの大切な儀式に、日本人がポーランドから参加したいと言ってきた。この大きな創造の中に存在していた私も、神聖なものとして扱ってくれて、彼女たちはただ自然に私を受け入れてくれたんだなと思う。

火の儀式が救ってくれるもの

儀式を研究していると、私の意識もそちらにロックオンされているので、私はいろんな儀式に巡り合った。

ポーランドの古都クラクフに住んで最初に出会った儀式は、アグニホートラという火の儀式だった。私が自分のリビングのように、いつでもそこに座っているという頻度で通っていたカフェ・ムウィネックで、アグニホートラの実演があったのだ。この儀式は、ヴェーダに伝わる農法で、この儀式を行うことによって、空気が浄化され、土壌も健康になっていくという。実践されたのは、アメリカからポーランドのヨルダヌフという村に移り住み、オーガニックファームを開いている方々。

アグニホートラは毎日、日の出と日の入りの時間に、牛糞とギーで焚いた火にお米を投げ入れマントラを唱える儀式なのだが、そのとき火の中から発せられる「響き」が、空気中の有害物質を無害にでき、灰は肥料にも、虫除けにもなるという。

アグニホートラを行った空間だけが、農業に適した周波数を持つことになり、周りに影響されなくなるのだ。だからこの農法をやっている以上、どんなに周りの農場で、虫の被害が出ようと、天候による不作があろうと、いつでも素晴らしい収穫ができるという。

ファームに住んでいるアメリカ人のバリーは、私と同じ心理療法士で、日本人の私にどうしてもアグニホートラを学んでほしいと言ってきた。ヨーロッパのアグニホートラ協会の会長からもメールをいただいた。日本の福島の惨状を助けたいからだという。

私がポーランドに住みはじめてたった4ヶ月の頃、東日本大震災が起きた。海外に住む多くの日本人同様、私も福島や日本のために、何もできないで無力さを感じていた1人だ。

でもこのアグニホートラを日本に伝えるなんて、私には難しすぎる。バリーたちは、なんとしてでも福島で農業をしている人に教えてほしいと熱心に言ってくれた。気持ちはとてもありがたいが、こんなにも怪しい儀式では、あまりに不謹慎に聞こえそうだったし、私は何の力もない存在だし、福島には知り合いさえいない。

結局、私がバリーからアグニホートラを学び、必要に応じて日本で紹介できるように準備しておくことになった。

アグニホートラでとても重要なのは、日の出、日の入りぴったりの時刻を守ること。それから材料となる牛糞、ギー、お米はすべて完全なオーガニックでなければならないということ。いずれにしても簡単には手に入らないので、私は練習のために、火を焚くための器などアグニホートラ・キットと材料すべてを、バリーから購入した。まさか牛糞を買い求める日が自分の人生に来るなんて。

アグニホートラをすれば、その空間の放射性物質の周波数が変わり無害になる。

実際にチェルノブイリ事故の後、オーストリアのアグニホートラ実践者の農場では、近隣の農場では被害が報告されている中、作物も牛のミルクからも放射性物質が検出されなかったという。末期癌を患った方が、この灰を飲んだことで治ってしまったという報告もたくさんあるそうだ。とはいえ、材料が牛糞だとわかっている私は、バリーから自分の儀式の灰を飲むといいと言われても、どうしてもそんな気になれなかった。

彼らの話に頷けたのは、私自身がサウンドヒーリングを学んでいて、すべてが周波数を持っていて、放射性物質の周波数を変えさえすれば、無害になることが、理論上理解できたからだ。実際サウンドヒーリングの治療は、体や心の不調部分の周波数を、音の力によって変えていくものなのだから。

バリーや協会の方々が、あまりに真剣に福島を心配されているのを見て、私も自分の国のことなんだからとアグニホートラを練習することにした。

バリーはアグニホートラをとても大切に思っているせいか、いちいち指導がうるさかった。一番心配しているのは君の発音だと、マントラの発音にもうるさかった。サンスクリット語だし、あんただってきっとアメリカ人の発音で間違ってるよと心の中で思っていたが、そんなこと言ったら面倒なことになりそうなので、素直に頑張った。

ポーランドはまだまだ寒い初春、日の出前に起き出す。アパートの中だと火災報知器が鳴ってしまうので、ベランダに出てアグニホートラをする。そのうち寒さには勝てず、手だけをベランダに出してやるようになった。コートを着て、上半身だけベランダに出て、火を燃やしている姿は、儀式とは違う意味での怪しさ満載。

体調が悪かったわけでもないし、農場を持っているわけでもないので、何がどう効いているのかさっぱりわからない。それでも理解を深めるために1ヶ月間試したが、私が1人でこんな儀式をしているところで、やっぱり意味はない。

日本に紹介してくれと何度も言われていたので、調べてみたところ、日本に1人だけアグニホートラの実践者が見つかった。

その方のブログをバリーに見せると、バリーは憤慨した。何しろこの日本人の男性は、オーガニックの牛糞もギーも手に入らないので、サラダ油とか、藁とか、全然違うものを材料にしていたからだ。

実際、日本ではアグニホートラに必要なオーガニック農法で育てられた牛のフンを手に入れるのが難しいし、完全オーガニックの牛乳も手に入らないので、ギーをつくれないとのことだった。

オーリングテストで、材料に代わるものを見つけ出したんだってと説明する私に対して、そんなもの信じられるか、代わりになるものはないんだとバリーは激怒し続ける。どちらかといえば、知名度から言っても、オーリングテストよりも、アグニホートラのほうがよっぽど信じ難いじゃないか。この方だってバリーだって、現代社会の目から見れば、どちらもこの上なく怪しいのだから、そこんところ自覚してお互いを尊重できたらいいのに。

バリーから頼まれて、この彼がちゃんとした材料を手に入れられるように、牛糞を日本に輸出することについても調べてみたけど、いろんな決まりがあってそれも簡単ではないことがわかった。牛糞を買うだけでなく、牛糞の輸出方法まで調べることが私の人生に起きるなんて。

結局、アグニホートラを私の代わりにやってくれる日本の方も見つからず、私自身が福島に行って実践することもできず、アグニホートラは私の中から静かにその火を消していった。

ところでバリーと会うのはいつも、クラクフのカフェかヨルダヌフだったのだが、クラクフにいてファームから離れていても、どこにいても、バリーはアグニホートラを時間になると必ず行った。街中ではさすがにできないので、車の中でやったこともあるし、お友だちのアパートでもやったこともある。

バリーのお友達は、もう二度とこの時間に来ないでくれとこの間も言ったじゃないかと、本当にものすごく迷惑だという顔をしながら仕方なく迎え入れてくれた。そんなこと言われたら、日本人なら恐縮してしまうのに、バリーは何にも気にしない。

「ねえ、別にファームにいるわけでもないし、ファームでは誰かが必ずやっているんだし、クラクフの街中でアグニホートラなんてしなくてよくない？」

私がそう聞くと、バリーはこう答えた。

「ファームのためじゃなくて、自分のためにやるんだ。僕は長いことアルコール依存症だったけれど、アグニホートラを始めたら、依存症がなくなったんだ。だから続けないと、また依存症が出てきちゃうんだよ」

また症状が出ちゃうの？　毎朝毎夕、アグニホートラを続けるというその継続力があるのなら、もう依存症はなくなっているのではないだろうかと思ったけれど、バリーにとっては、生きていくためにすごく重要な儀式なんだ。だからムキになって、守ろうとする。私のマントラの発音だったり、代替品を使う人を正したくなる。

人生で起きることすべてを、通過儀礼のように扱って、自分の幸せへと繋げるべきだとドルイドは言う。

私が魂を癒す演劇にのめり込んだことと全く同じ理由で、誰もが自分のための儀式を持っているのかもしれない。映画が好きな友だちは、辛いことがあると1人で映画を見に行って、暗い中泣いたりして、終わったらもう泣かないと決めて、日常生活に戻っていく。そうやって私たちは、現代に合わせた自分なりの儀式を通して、世界を乗り越えていく。

これこそ、古代から私たち誰もが持つスピリチュアルな力なんだと思う。

ヨーロッパの中心で自分を取り戻す

ネオシャーマニズムの考案者であり人類学者のマイケル・ハーナーの弟子の先生が、ポーランドのウッヂという街でトレーニングをしてくれることになった。まさかポーランドで、しかも英語で、シャーマンワークが受けられるなんて。ウッヂは、私が愛する古都、美しいクラクフとは違って、共産主義時代の工業っぽさが前面に出ているようなそんな街だ。

初級のシャーマンワークの定番は、「パワーアニマル」だと思う。パワーアニマルとは、私たちを守る霊的な動物の存在のことで、どんな人にも動物の守り神がいるという。ネオシャーマニズムを学んでいた私は、これまでも何度もパワーアニマルと出会うセッションを受けてきた。

実際にパワーアニマルに出会ったことで、その頃抱えていた体調の問題がピタリとなくなったことがある。私は自分が変性意識の状態で出会った自分のパワーアニマルに絶対的な信頼を持っていた…つもりだった。

参加者には私のようにすでに自分のパワーアニマルを知っている人はおらず、講師のローランドの指導で、パワーアニマルを見つけにいく「変性意識に入り込む旅」から始まった。

私はいつものように変性意識の中で、自分のパワーアニマルと遊んだり、メッセージをもらったりして過ごす時間。1日目は他にもいろいろなシャーマンのワークを教えてもらって、楽しい中で無事終了。

ところで、ウッチにはヨーロッパの中心点がある。一緒に参加した友人にそう教えてもらい、ワークの後、見に行ってみることになった。

ヨーロッパの中心なんて、めちゃくちゃすごい。地図の中のヨーロッパの真ん中に自分が立ったんだと思えるなんて最高じゃない？　喜んで連れて行ってもらうと、そこは何の変哲もないラウンドアバウト。車でぐるっとラウンドアバウトを回って終了した。

「え、どういうこと、どういうこと⁉　ヨーロッパの中心なんて、日本人にはめちゃくちゃ大好物な観光名所になりそうなのに、何のサインもないただのラウンドアバウト？　本当にここなの、本当なの⁇」

何もない場所と言いつつもやっぱり写真を撮りながら、何度も確認する日本人の私。ウッヂには、ポーランドで一番長い通りもある。それは私たちのワークショップスペースの前にあり、本当に長い通りで、お昼休みだけではすべてを見つくせなかった。

ヨーロッパの中心で愛を叫ぼうツアーとか、ポーランド一長い道でトレジャーハンティングとか、楽しいイベントがいくつもできそうなのに、びっくりするほど味気ない。こんなんだからウッヂは、何の魅力もない工業都市のままなんだ。なんてもったいないんだ。

次の日の最初のワークは、ペアになって、お互いに２つ目のパワーアニマルを見つけてあげるということになった。

自分のパワーアニマルと共に、相手の２つ目のパワーアニマルを見つけて、相手に届けるというワークだ。

いつものようにドラムの音を聞きながら変性意識に入っていき、私もペアの女性の2つ目のパワーアニマルと出会って戻ってきて、さらにそのパワーアニマルのエネルギーを、相手の魂に吹き込むということまでやって終了。

その後、ペアにどんな動物だったのか旅の過程を話す。私のペアの女性は私が見つけた2つ目の動物の話を聞いて嬉しそうだった。

私の番になって、ペアの女性はこんなことを言い出した。

「残念なお知らせがあるの。今まであなたが思っていたあなた自身のパワーアニマルは間違いだったわ。あなたの本当のパワーアニマルを見つけてあげたのよ」と、私のパワーアニマルを否定し、全然違う動物の話をし出した。

2つ目のパワーアニマルを見つけるのであって、1つ目のパワーアニマルが本当かどうか確かめるなんて、課題になっていない。彼女は自信たっぷりに、

「あなたは間違っていたのよ、自分のパワーアニマルじゃない動物を想像していたのね」

と言った。

彼女は心理学博士で、若手の心理士のスーパービジョンもしているベテランの心理療法士だ。そ

んな人が、人の想像の世界に土足で入り込んで、その想像を否定していいはずなんてなかった。

でもその瞬間、私はものすごく落ち込んでしまった。私が今まで信じていたもの、あのリアルに感じられたあの存在は、なんだったんだろう。彼女の一言で、一気に自信がなくなっていくのが感じられた。

同時に私は猛烈に腹も立てた。相手のパワーアニマルが本物かどうかを確かめるなんていう失礼極まりないワークなんてしていない。ローランドにワークの指示を確かめて、彼女がしたことは間違っているんだと批判したい気持ちもしていたけれど、その気力さえなくなるほど私はダメージを受けていた。

ドラマセラピストの私にはよくわかっている。想像の世界は、その人だけの大切な場所だ。芸術を使ったセラピーは、クライアントの内面世界を丸ごと肯定するもので、その結果、何かを成し遂げることによって得られるものとは全然違う、本来の自分への信頼とも言えるような自信につながっていく。

だから、想像の世界を絶対に否定してはいけない。そこには正しいも間違っているもないのだ。そんな大切なことをわからない心理学者に対して怒りを感じながらも、シャーマン的な力に自信がなかった私は、自分を肯定できずにいた。

最終日のワークは、ローランド自らがシャーマンの治療をしてくれることになっていて、運のいいことに私はクライアント役で体験させてもらえることになった。

「迷子になった魂の一部」を取り戻すというワークだった。

とてもショックなことがあったりすると、魂の一部が離れていってしまうのだそうだ。それを取り戻すことによって、私たちがより自分らしく生きていくことができるのだという。

すごく不思議な体験だった。変性意識に全員で入り込み、参加者全員でボートに乗る。私はそのボートの中央に横になっていて、残りの参加者は、ローランドと一緒にボートを漕いでいた。

川の流れのような動きが、本当に体に感じられる。一瞬岩に当たったような感じでガタンとボートが揺れたような気さえした。参加者全員で、迷子になった私の魂を見つけ出してくれて、ローランドがその魂を私に吹き込んでくれて終了した。

魂の一部を吹き込んでくれた瞬間、私の目から涙がこぼれ落ちてきて、私自身もびっくりしていた。ローランドが取り戻してくれた魂の一部が何かはよくわからなかったけれど、心のどこかが暖かくなった感じがしていた。

断っておくと、みんなでボートに乗り込んだりしているとか言っても、変性意識の中での出来事なので、参加者全員は何をしているかというと、寝転がっている。みんな催眠状態にある。だから、はたから見ると怪しさこの上ないと思う。

みんなで同じ意識に入っていくというのは、すごく面白い体験だ。驚くことに、本当に共通するものを見ていたり、霊的に一緒にいるような感覚も味わえる。

とてもパワフルで素晴らしい体験もさせてもらったのに、私はトレーニングの最後までパワーアニマルの件をひきずっていた。

自分の力に自信がなかった私は、心理学者の彼女が教えてくれた2つ目のアニマルを受け入れようと必死だった。自分が最初に持っていた大切な動物は「間違っている」と言われてしまったのだから。なぜ彼女を信じてしまったのか自分でも不思議だ。相手が正しく、自分が間違っていると思ってしまうこの自動的な思考ぐせは、一体どこからきているんだろう。

暗い気持ちのまま、クラクフに戻るためウッヂの駅に着いた。電車の本数が少ないために2時間も駅の近くの寂れたダイナーで待つことになった。ダイナーの中央に置かれたソファーは数名の地元の若者のグループに占領されていて、私はその姿をただぼんやりと見つめていた。

目に見えない存在に対して、誰が間違っているのかなんて全然わからないことなのに、なぜ私は彼女の意見を採用してしまったのだろう。信じていたものを否定されたそのダメージは計り知れないほど大きすぎた。

ようやく若者たちがいなくなり、静かになったダイナーには、私しかいなくなった。まだ1時間あるし、ちょっとゆっくり座ろう。そう思って私は新しい紅茶を注文しながら、ソファーの中央に座った。


そのとき、目の前にあるテレビの画面が変わった。これまでの討論番組みたいなものから、何かの動物のドキュメンタリーが始まるようだった。そのまま何も考えずにただぼーっと見ていると、それはまさに「私の」パワーアニマルのドキュメンタリーだった。

1時間、私はその番組を見ながら、自信を取り戻していた。映像から見えてくるアニマルが、いつの間にか私にエネルギーを与えてくれていた。ここまでわかりやすい形で、私に教えてくれるなんて。


自分を信じなさい。あなたの想像の世界はあなたのもの。あなたにしかわからない、あなただけの世界。それを大切にしていいのよ、と言ってくれているようだった。さすが私のパワーアニマル。パワーを簡単に与えてくれた。

こういう外側のまるで偶然のような出来事が、私は本当に自分を信じていいんだと思わせてくれる。ウッヂというヨーロッパの中心で、私は自分を取り戻した。

第４章
神さまが私に与えてくれた力

エジプト人もびっくり！　ピラミッドの秘密

「初めに言（ことば）があった。言は神とともにあった。言は神であった」

聖書に書かれている、創世記の最初の部分。初めは言葉（ロゴス）、つまり音が存在した。音が世界をつくり出した。

スイスの科学者、ジェニー・ハンス博士は、音を可視化する機械をつくり、地球誕生の頃の環境を再現させ、そこで発生していたであろう音が、どのような変化をもたらすのかを実験した。その結果、初期の地球の音は、最初の単細胞生物の形になったという。

ハンス博士は、「周波数は物質に秩序を与え、形をつくり、それを維持する」と結論づけている。

ハンス博士の弟子の、ジョン・リード博士に会ったのは、２０１２年にイギリスで開かれたサウンドヒーリングの学会だった。

リード博士も、音を可視化する機械「サイマ・スコープ」を使って、さまざまな実験をしていた。基調講演をしてくださったリード博士は、砂を敷き詰めた鉄板に、バイオリンの弦をこすって見せてくれた。すると、砂はその瞬間に星みたいな1つの形になった。マジックのようだった。でもこれは決してマジックではなく、音の性質を可視化させただけだ。

博士の機械を使って、チャクラに音を響かせてできた形は、曼荼羅のように美しかった。見えていないけれど、こんなに美しい形が、世界には溢れているのかなと思うとこの世界が特別な場所に思えてくる。

リード博士は、10年以上の研究の上、エジプトのピラミッドの王の間は、反響するようにデザインされており、その中で発せられた音のエネルギーが石棺に伝わる仕組みになっていると信じるに至った。王の間が、死んだファラオが新たに生まれかわるための儀式に使われており、儀式で詠唱された言葉が、石棺とそこに眠る人物にエネルギーをもたらすねらいがあったと考えたからだ。その中で音がどんな形をつくるのかを見てみたいと思ったという。

ということで、彼の機械を持参して、ピラミッドの中で実験を行うことにした。こういうとき、裏でちょっとお金を出すだけで、簡単にできるという。さすがエジプト。日本だと「前例がないので」とか言って即断られそうだし、許可してもらうために頑張ったとしたら、いろんな書類が必要になりそうだけれど、お金がものをいう世界だと楽でいいな。

王の間での実験は、予想を超えるものだった。なにしろ、サイマスコープに現れてきた音の形は、なんとヒエログリフにそっくり！　これには一緒につきそっていたエジプト人もびっくりした。古代エジプト人は、音が見えていたのだろうか。そしてその音を文字にしたのだろうか。古代エジプトの神秘すごすぎる。

はじめに言葉があり、その音が初期の単細胞の形をつくり、その細胞から私たちが出来上がったとしたら、音は本当に私たちに重要だ。

それなのに、日頃から私たちは自分にとって優しくない言葉をたくさん自分に言っている。口癖のように毎日使っている言葉、内面でいつの間にか思考しているその言葉、私たちはたくさんの音を使っている。

ハンス博士が言うように、「音はものを形づくり、その形を維持する性質」があるのだから、日常的に使っている言葉通りの人生を、私たちは形づくって維持することもできる。音が維持するのだから、その音を変える以外に新しい形をつくることはできない。

と言いながらも、このいつも自分が自動的にしてしまう思考から離れるのが難しい。

私も常にこの思考に持っていかれている。いい思考をしようと思ったそばから、未来の不安や、現在の不満や、相手に対するネガティブな思いがどんどん出てきちゃう。過去に縛られたくないと思いながら、過去の記憶をベースにこの世界を見てしまう。未来にキラキラしたイメージを持った途端、私にはできないという思いに駆られ、自分を責めたり、誰かや何かのせいにしたくなってしまう。少しでも物事がうまくいかなくなったら、もうダメだと思いたくなる。

学会に一緒に参加されていたリード博士の奥様、アナリースさんは、エネルギーワーカーで、彼女は難病とされる膠原病の一種を患っていたという。同じ学会で彼女もスピーチをされて、どのように病気を乗り越えてきたのかをシェアしてくださった。彼女は通常の医療的な治療以外に、音を使った治療を取り入れた。体も動かず、声も出せず、寝ていただけのとき、何度も何度もマントラを聞いたという。

ランチのときに隣に座らせていただき、さらにお話を伺ったところ、もちろんマントラだけで治療になったとは言わないけれど、マントラのパワーは大きいと教えてくださった。

マントラは、私たちを「思考から解放する」という意味を持つ。これは、私たちがぐるぐると訳のわからない思考の迷路の中に入り込み、気づいたらますますネガティブになっているということを防いでくれるものだと思う。

なぜなのか私たちは、一生懸命思考することで、事態がよくなったり、問題が解決すると勘違いしている。

アインシュタインの言うところの「問題をつくり出したのと同じ意識レベル」で思考したところで、解決策なんて見つかる訳ないのに。それでも思考することが重要だと思い込んで、いつの間にか思考の中で訳のわからないドラマにハマり込む。解決策を探していたはずなのに、自分を責めて、自己嫌悪に陥ってしまったりして、どこだかわからない世界に入り込んでいる。

世界中の素晴らしいマントラたちは、その音のエネルギーはもちろんのこと、唱えていくことで私たちが思考の海の中で溺れて自滅するのを防いでくれる。

マントラの意味を理解しなくても効果があると、ディーパック・チョプラ博士は言っている。マントラは、たくさんの人が歩き慣れた道のようにスムーズに、私たちをあるべき場所へと誘ってくれる。意味などわからなくても、その音に乗っていけばいい。音は私たちを形づくり維持してくれるのだから。

王の間では、どんな儀式が行われていたのだろう。その音に導かれて、王が永遠の命の世界に行ったのだとしたら、私もその音に乗ってみたい。

世界は光でできている

はじめに言葉があり、そして神は「光あれ」と言った。

音が形をつくり、光というエネルギーがその形を生かした。そしてその光のエネルギーはフォトンという素粒子のことをいう。１９７０年代、ドイツの物理学者のフリッツ＝アルバート・ポップ博士が、その存在を私たちのＤＮＡの中に発見した。つまり、私たちの細胞の中にフォトンがあり、それが光を放っているということだ。

さらにポップ博士は、私たちの意識が光であると言っている。私たちが意識するということは、目に見えない光を発し続けているということになる。私たちは文字通り、「光の存在」ということになる。

私たちの生命に欠かせないフォトンは、古くから「気」「プラーナ」などの言葉で現されてきたもので、フォトンの発見がエネルギーの存在を証明したとも言われている。

キラキラしているとか、いい気が流れているとか、そういう人や場所には、フォトンが満ち溢れているように感じないだろうか。

私たちが発する光は、エネルギーなので周波数がある。私たちが発する周波数と同じものが、引き寄せられるようになる。そして素粒子は、「観測されたところに存在する」という性質がある。だから私たちが意識したところに、それが現れることになる。

素粒子をとても簡単に説明すると、物質化したものは「粒」の状態、見えていないものは「波」の状態にあるという。また、素粒子は「観測すると粒の状態になる」と言われている。私たちの人生にはあらゆる可能性がある。その可能性の状態のエネルギーは「波」であるが、私たちが強く意識することによって、波から粒になり「実現化」することになる。これが量子力学的に説明される願望実現の仕組みだ。

テレビのチャンネルを、ある周波数に合わせると、その周波数と同じ電波を受信できるようになる。それと同じように、ある周波数を意識して発すると、それが波から粒になり、物質化して目の前に現れることになる。私たちには、自分で気づいていなくても、いくらでも何にでもなれる可能性がある。それを私たちが意識できるかどうかが、願望実現の鍵となるということだ。でも私たちは、潜在意識からネガティブに思考しがちだったりするので、せっかくこんなすごいパワーを持っているのに使いこなせていない。

なんにしても今、目の前にある現実は、文字通り自分の意識がつくったことになる。本当はとてもシンプルだ。私たちの潜在意識が恐怖と不安をたくさん抱え、矛盾した思考だらけなので、私たちには世界がこんなにも不確かに見えてしまうのだ。

粒とか波の性質はさておき、簡単に私たちの意識は泡のような「光のシャボン玉」のように漂っているとイメージしてほしい。見えないシャボン玉がキラキラ私たちを取り囲んでいる。

リード博士は、この泡が文字通り宇宙にまで届く話をしてくれた。願いを天に届けるというのは、私たちの願いをのせた意識の光が、本当に天まで届いている感じだ。

キラキラしている人の内側には、光のシャボン玉が溢れていて、その人を輝かせている。いい気が流れているところでは、光のシャボン玉が楽しそうに踊っている。私たちは、内にも外にも、この光のエネルギーを増やしたり減らしたりしながら生きていることになる。

　私たちは細胞レベルでフォトンを発して光っているだけでなく、フォトンを吸収してもいる。フォトンは愛と感謝で増えると言われている。これはすでに科学的な実験の中でも証明されている。

　フォトンを増やすための一番効果的な方法はお祈りだという。

　物質の最小単位の素粒子のフォトンは、違う場所に同時に存在できるという性質も持っている。遠く離れていても、その人のためにお祈りをすると、その人の中にフォトンが増えるということも実験で証明されている。しかも自分にもフォトンが増える。

　お祈りをすること、愛と感謝を捧げることで、自分にも相手にもフォトンを増やすことができるということだ。すごくない!?　とにかく、私たちは愛と感謝の気持ちで、自分の生命の糧を増やすことができるのだ。

　反対に、フォトンは恐怖を感じたときに私たちの体内から減っていく。もっというと、それを感じさせた人が、フォトンを吸収してしまうという。

　ということは、エネルギーバンパイアという言葉があるが、本当に人からエネルギーを奪うことができることになる。

たとえば、誰かの愚痴を聞いたり、怒りをぶつけられたとすると、自分のフォトンが減ってしまい、そのエネルギーを相手に吸収されてしまうというのだ。エネルギーバンパイアと言われる人たちは、決して意図的にエネルギーを奪おうとしているわけではないと思うけれど、自分を元気にするためにフォトンを欲した結果、そうなってしまうのだと思う。

私たち人間が、根本的に欲するものは、人との関わりだと思う。愛ある関わりが一番欲しいのだが、それがうまく表現できないとき、どんな関わりであってもエネルギーをもらおうとする。

愛の反対は無関心だとマザーテレサは言っていたが、無関心でいられることほど辛いことはない。たとえネガティブなものであっても、関心を向けられたいのだ。だから、私たちは喧嘩をふっかけたり、注目してもらえるように何かをしでかしたりする。兄弟喧嘩などで、口を聞かなくなった兄に対して、弟が美味しいお菓子を見せびらかしたりするのも、相手と関わりたいという思いからの行動だ。

相手の言動でしょっちゅう傷ついたりしている素直になれない私たちは、相手にただ愛を表現することや、相手からの愛を受け入れることができないでいる。そのためたいへん歪んだ形で、相手と関わろうとしてしまうのだ。でもそれは結局、エネルギーを得るためでもある。

戦争や自然災害などが起きたとき、お金のことで不安になったとき、いつか死ぬかもしれないという恐怖を持ったとき、私たちは無意識に光の素粒子を自ら減らしてしまっている。エネルギー不足になっているのだ。そして、エネルギー不足を解消したいがために、恐怖と不安から無駄に動き回る。もしかしたら知らずに、誰かのエネルギーも奪っているかもしれない。

恐怖は、すべてのネガティブな感情の大元にあるものなので、どんなネガティブであろうと、フォトンを減らすことになる。私は心理の仕事をしているので、ネガティブな話をたくさん聞くわけだが、同時に何をしているかというと、その相手の力を信頼するという意識を持っているため、フォトンを増やしながら聞くことができていた。そのためエネルギーを吸収されることがなかったのだと思う。

でも一方で、知らない人からの批判的なメールなどを読んだときは、恐怖を感じてしまい疲れ果ててしまう。

ポジティブに意識できれば光は増えるし、ネガティブに持っていかれたらフォトンは減る。フォトンの増減も意識次第なんだと気づくと、自分の思考に気をつけることが重要なのだと、すごく納得できる。

恐怖に陥ったとき、何をすればいいのかというと、愛とつながることをすればいい。

マザーテレサが、戦争反対の活動には参加しない、平和のための活動には参加するとおっしゃったのは、彼女がちゃんとわかっていたからだと思う。戦争反対は、恐怖から動いている。自分からも相手からも世界からもフォトンを減らす活動だ。でも平和を祈る活動は、自分にも相手にも世界にもフォトンを増やす活動になる。

恐怖から動くと奪い合いの世界をつくり出し、平和を祈ると与え合える世界をつくることができるというのは、エネルギーの性質から説明できる。

お祈りじゃなくたっていい。自分を元気にすることができれば、フォトンは増える。

愛がベースの活動であればなんでもいい。楽しんで喜んでいる状態は、間違いなく愛の状態だ。

世界ナンバーワンコーチと呼ばれるアンソニー・ロビンズのセミナーは、いつだってみんな踊って、跳ねて、声を出して、自らのエネルギーを上げることを忘れない。彼は、エネルギーこそ私たちの命の糧だと言っている。そしてエネルギーを上げていくためには、動けばいいんだと言っている。

笑って踊っているだけで、私たちの内側にはフォトンが増えていく。フォトンが増えると、ポジティブな考えがしやすくなる。普段のネガティブループにはまらなくて済む。だからトニーの受講生たちは、ひたすら踊って、声を出して、ジャンプする。楽しんでいる人のほうが、人生がうまくいっている気がするのは、気のせいではない。実際にフォトンが増えてポジティブなエネルギーを発しているから、ポジティブが引き寄せられるのだ。

自分を喜ばせるだけで、フォトンが増えて、世界の光を増やすことができる。これが世界貢献にもつながっていくのなら、自分を我慢させてフォトンを減らすようなこと、しちゃダメなんだってことが、本気でわかるよね。

私の声は空を羽ばたく

「もっと大きな声ではっきりと言いなさい」子供の頃、何度も言われた。学校での発表でも、親の知り合いの私は知らない大人に挨拶しなくてはいけなかったときも。ハキハキ話せと言われても、そのハキハキに乗せる言葉だって必要だ。これはもっと難しい。自分が言いたいことを言葉にしても、それを否定されることだってある。それなのに、なぜそんな危険を冒せると思うのだろう。大人たちは簡単に大きな声で話せというけれど、声を出すことがこんなにも怖いことだとなんでわからないんだろうか。

小学校の大嫌いだった担任は、大きな声で答えられなかった私を、あなたは病気なのかと言ってきたことがある。

声が小さい私はずっとダメなんだと思っていた。歌うことも苦手だった。私はずっと音痴だと言われてきた。小さい頃、気分よく1人で歌っていると、音程がおかしいと正されたり、笑われたことで、私の声はどんどん小さくなっていった。
なんだってこんなにも大人たちは雑なんだろう。声はその人そのものを表す美しいエネルギーなのだ。本当は大切に扱うべきなのに。

演劇の心理療法をする私には、こういうことが子供にとって害にしかならないことがよくわかる。年齢的に、シータ波からアルファ波の脳波になったばかりの私の娘は、時々歌手の真似をしてカッコつけて歌ったりしている。その遊びは突然始まるので、そばにいる私はその瞬間に黒子にならなくてはいけない。彼女は自分の世界に入り込んでいるので、大人はその世界に招き入れられない限り入ってはいけない。
子供がまさに「本来の自分」として存在しているその世界に土足で入っていき、さらに歌詞や音程を正したりしてしまうことで、子供の心の平和を台無しにしてしまう。大人は何にも知らずに、そういうことを平気でする。でも絶対やっちゃいけない。

娘は、歌ったり踊ったり、YouTuberになったりして、ひたすら自分の世界で楽しんでいる。私は壁になる。何も言わずにただその空間を見守る存在だ。彼女の世界に招き入れられたときには、彼女の希望する役割に徹して、その世界をサポートするのみ。私がリードする必要はないし、正したり意見するのはもってのほかだ。小さな子供は、潜在意識とつながって、神さまとつながって、何をすべきか直感的に知っている。そこについていけばいいだけだ。

私は娘の「声」をこうやって育てたいと思う。


声がコンプレックスだった私が、イギリスの大学で演劇を学んだわけだから、当然そこでも苦労した。自分の意見を言うだけでなく、英語で話すのだからますます怖かった。声を出すことは苦手だったけれど、演劇のトレーニングは少しずつ私を開いていってくれた。音痴でも自信を持って人前で歌うことさえできるようになったのは、グロトフスキのトレーニングのおかげだ。

グロトフスキは声のエネルギーをとても重要なものと見ていた。彼は主に古い歌を歌い続けた。古代の歌が、「体内の電気サーキットを活発にする働きがある」として、歌と一体になるように歌い続けていた。

声が私のエネルギーをのせて羽ばたいていくように感じられてから、私はもっと声について知るためにサウンドヒーリングを学び始めたのだ。


サウンドヒーリングでも特に重要な先生の1人、ファビエン・ママンは、音がどのように身体に影響を与えるのかを研究して来た。ママンは、実験の中で、誰もが持つその人の身体に最も効果的な癒しをもたらす音「ファンダメンタル・サウンド」を発見した。

ファンダメンタル・サウンドは、細胞を調和させ再生させ、身体の健康を助ける音でもある。これを探すためには練習が必要だが、この音がみつかったとき、私たちは「自分の音に完全に満たされる。体中が震え、視界が広まるだけでなく、内的視野も広がり、もっと高い次元の意識にもつながる」状態になるという。

がん細胞を治療する実験の中では、穏やかでソフトで、かつ愛情を加えた声が一番の癒しになることも発見した。ママンの実験が正しければ、私たちは生まれながらにして、自分を癒すことができる素晴らしい道具を持っていることになる。それなのに、私たちは声を全然大切にしていないと思う。

1960年代後半、ある修道院で、修道士たちが次々と謎の病気になったことがある。彼らは睡眠時間が少なくても、健康で精力的に仕事ができると言われていた勤勉な修道士たちだった。そこで「耳のアインシュタイン」と呼ばれるアルフレッド・トマティス医師が治療にあたることになった。

実は、修道士たちはそれまでは、1日8時間もグレゴリオ聖歌の詠唱を行うお勤めをしていたのだが、新しい修道院改革により、歌う時間は必要ないとされ、そのお勤めが禁止されてしまっていた。トマティスがこの習慣を戻すように提案すると、数ヶ月後には修道士たちの健康が見事に回復したという。トマティスは、グレゴリオ聖歌を「極上のエネルギーの糧」と言っている。グレゴリオ聖歌の周波数は、８０００ヘルツで「中枢神経と大脳皮質を活性化する力がある」という。

人のためにうまく歌うのではなく、自分の声を生かす形で歌うことができれば、それはエネルギーを生み出すバッテリーのようになる。聖歌はお祈りだし、愛と平和の願いが込められたら、フォトンもますます増える。

声のワークをもっとしたいと願った私が次に出会ったのが、声のヨガの創始者シルビア・ナカッチだった。彼女のワークで、めちゃくちゃ気持ちよく歌うということを自分に許せるようになった。シルビアと歌っていると、自分の声が空を自由に飛んでいくような体験ができる。そしてそのたびに満たされたような気持ちになる。私はこんなにも世界と一体だったんだという気持ちにさせてくれる。

実際に声を出すことで、ドーパミンやオキシトシン、セロトニン、そしてエンドルフィンといった神経化学物質の分泌がさかんになるので、天然の麻薬を健康的に取り入れられる感じだ。グロトフスキの後継者のトーマス・リチャーズが率いるイタリアにあるワークセンターでのトレーニングで、歌っている俳優さんたちがなんとも陶酔した状態になっているのを見て、麻薬みたいだなあといつも思っていたけれど、実際に脳内では幸せホルモンたちが大放出されていたわけだ。

声を使って、魂レベルの癒しを行っていたシャーマンがいた。渡邊満喜子さん。

私が彼女の存在を知ったのは、残念ながら彼女が亡くなってからだった。一度彼女の声のヴォイス・ヒーリングを受けてみたかった。

彼女は声を「魂の響き」だという。神さまの一部である私たちが、一体だった頃の喜びと平和の感覚を思い出すことができるのが、満喜子さんのヴォイス・ヒーリングだったのだと思う。音から生まれた私たちが、音を生み出した神さまとつながる。

声は神さまとつながるために私たちに与えられたものなのだと思う。満喜子さんの本を読んでいるとそう思わずにはいられない。満喜子さんは歌うことで、トラウマの記憶も癒されてきた。

声のエネルギーがトラウマの記憶のエネルギーの周波数を変えることができるのは科学的にも理解できるけれど、「どの周波数が、どの記憶に必要なのか」などは、神さまの領域だ。満喜子さんはまさに、ヒーリングコードでも「わからない」とされる神さまレベルの癒しを声で行っていた方だと思う。神さまとつながらなければ起きないことだ。

「癒す人として選ばれた」彼女のもとに歌が訪れるようになってから、彼女から出てくる声の音域もどんどん進化していったという。多くのシャーマンが苦しい過程を経てその境地に達するように、満喜子さんもたくさんの試練を乗り越えてヴォイス・ヒーリングを行うようになった。

宮古島のユタ、根間ツル子さんに会いにいったときも、神さまからの歌を授かった。そのメッセージを私は今も大事にしている。あのときのメッセージがあったから、私は自分に与えられる試練を乗り越えられると信じられた。

歌は私たちの魂のエネルギーを、時空を超えて神さまの元へと運ぶ。

グロトフスキが古代の歌を大切にしたのは、「見えない世界とつながる」ためだった。歌をその媒介として、古代の知恵、１０００年前の自分とつながるように歌を歌っていた。だからグロトフスキの人生最後のプロジェクト名は、直訳すると「乗り物としての芸術」だったのだと思う。

歌は私たちを世界中の命へと運ぶための乗り物だ。歌に自分の魂を乗せて、エネルギーで私たちは世界中とつながることができる。私たちが1つだと思い出すことができる。自分とつながり世界と一体になる。私たちが本当に心から願うものは、物質的なものなんかじゃなくて、本当にこの完全な愛と1つになることなんだということを、私の声が思い出させてくれる。

大人になるにつれ、自分の声を雑に扱うようになってしまっていないだろうか。そんな大人たちは、子供の頃のようにただ楽しく歌うために声を使ったほうがいい。

神さまと私の予定

この世界で起きることがすべて幻想で、ドラマで、舞台で、本当に存在しているものは愛と光だけだとしたら、過去世も宇宙人も、守護霊様もすべて存在しないことになる。じゃあ、それを信じないのですか？　と言われると、ちょっと違う。

私たちはエゴであることをやめられない。この世界が幻想だとか、私たちが神さまの一部だということなどは、エゴが癒されてはじめて受け入れられることだ。私自身も前世療法を学んでいるし、エゴが好む形で心の癒しができたら、それは魂の成長にもつながる。だから過去世もご先祖さまも、神さまとつながるための素敵な方法だと思う。

高校2年生のとき、世界史の授業で「クラクフ」というポーランドの古都の名前を知った。そのときから、なぜかわからないが、私はクラクフに行きたいと思うようになっていた。

イギリスで演劇を学び始めてから、ポーランド人のグロトフスキに夢中になり、ポーランドは私にとって絶対に行きたい国になっていたけれども、ポーランドにいくことができたのは30歳を過ぎてからだ。

「ドラマセラピストのおばあちゃん」という存在のイギリス人のスー・ジェニングス博士のトレーニングをルーマニアで受けた後、私は北上して、ハンガリー、スロヴァキア、そしてポーランドに向かうことにした。

ものすごく関係ないけれど、当時スーは70代にしてネットで彼を見つけて、2人でルーマニアに住んでいた。先生がこういう感じなのって、めちゃくちゃいいと思う。

ポーランドに着き、クラクフを初めて歩き回ったとき、その美しさにすぐに大好きな街になった。そして、クラクフにあるカジミエーシュという旧ユダヤ人地区に行った瞬間、私は確信した。「私、ここに住んでいた」

これは単なる私の思い込みだし、何の証拠もないのだが、それでも特にこのユダヤ人地区は私にデジャヴとは違う懐かしさを思い起こさせたのだ。

私がポーランドに住むと決めたのは、心理療法の仕事を始めて6年経った頃、力を入れていた仕事の2つが、契約などの事情があって来年度からなくなるというときだった。

次の仕事を探すという選択肢が考えられないほど、私は心身ともに疲れ果てていた。

当時の私は、ドラマセラピーというまだ日本に知られていない世界を広めるべく闘うように頑張っていて、まるで芸能人のスケジュールのようだと自画自賛したくなるほどかなり忙しい日々を送っていた。闘うように生きているから、やっぱり傷つくことも多く、少し休養が欲しいと思っていた。日本にいると、なぜか休養がうまくできないのか、私は定期的に海外に行きたくなってしまう。イギリスに住み、アメリカに住み、次はどこにしよう？

真っ先に考えたのがポーランドだった。いつか住むと決めていたし、英語圏じゃないところに住んで、「何にもわからない〜！　どうしよう〜!!」という経験をしてみたかった。

単身で長期で海外に行くのに、手っ取り早い方法は、学生ビザを取ることだ。でもポーランド語を学ぶために行きたいわけではなく、グロトフスキをもっと知るために行きたいし、かといってガッツリ博士課程で学ぶのはちょっと大変だし…そして決めたのは、グロトフスキ研究所に研究員として留学するということだった。

住むと決めて考え始めると、スコトーマが外れて必要な情報をサーチしてくれる。私の記憶の中に、ちゃんと情報があった。「ポーランド国費の奨学金」だ。インターネットで調べてみると、あった、あった！　ただし年齢制限は35歳。そして私は35歳。

早速応募してみると、書類審査の後、全員がポーランド大使館で面接をしてもらえるという。これは応募者がとても少ないのだろうか。当日行ってみると、5、6名のリクルートスーツを着た大学生たちが待っていた。ダイビング用のウェットスーツは持っているけど、フォーマルスーツは1着も持っていない私だけが、ワンピース姿だ。

彼女たちを見ながら、やっぱり奨学金は、未来をこれから切り拓いていく大学生さんたちに行くんだよなと考えていたけれど、私はどちらでもよかった。なぜかというと、私のポーランド行きは、奨学金が入っても入らなくても決まっていたからだ。奨学金は1つの手段だっただけで、これが唯一ではないと知っていたのだ。

ところが、私の面接の時間になって私は驚かされる。面接官のお2人から、グロトフスキ研究所はプライベートの機関なので、国立大学に所属してくれないと奨学金を出せないんだよ、どうしようか？　という相談を受けたからだ。

私の面接の内容は、グロトフスキを学びたい私が、どうやったら国立機関で研究ができるようになるかであり、その瞬間私はもう奨学金試験には受かっていることを知った。彼らは私をとても評価してくださった。変わり者の私の経歴が評価されることは滅多にないので、恐縮してしまう。

とにかく、グロトフスキ研究所が大学と共同研究をしていれば、そこに所属すればいいというのが大使館の案だったのだけれど、残念ながらそんな共同研究はなかった。ということで、私はあっさり奨学金を諦めた。受け入れてくれることになっていたグロトフスキ研究所のディレクターには、滞在期間は短くはなると思うけれど、絶対に行くということだけ伝えることにした。

ディレクターのダレックに連絡すると、「じゃあ、私がいるヤギェウォ大学に籍を置けばいいよ。研究員という立場で、演劇学部に所属すればいい。ドラマセラピーも教えてくれる？　講師として給料も払うようにするよ」という、私が考えもしなかった展開が突然起きた。

そんな決断簡単に下せるんだ。すごすぎる。

ということで私は、急にポーランドの大学講師になれてしまった上に、研究員として国立機関に所属するので、無事に奨学金もいただけることになった。


ところで、グロトフスキ研究所はヴロツワフという街にある。この街も素敵な場所ではあるのだけれど、私の心はクラクフにあったため、ヴロツワフに住むことになったら、「どうやってクラクフまで通うのか」をずっと考えていた。なんと、コペルニクスが学んでいたヤギェウォ大学はクラクフにある。

つまり、私は住みたいと思っていたクラクフを拠点にして、ヴロツワフに時々行くことになるという、自分の頭では想像さえできなかった展開が与えられたのだ。自分であれこれ方法を考えるのをやめて、結果だけに集中していると、思った以上の展開が与えられる。

「神さまを笑わせたかったら予定を立てなさい」

これはポーランドの諺だ。人間がジタバタして決める予定は、神さまからしたらアホすぎるのだろう。神さまの手が加わると、願いはものすごい形で叶えられていく。そのために必要なのは、ただ決めることだ。

その後、私はクラクフの素敵なアパートに住み、カジミエーシュのカフェで運命的に大好きなお友達と知り合っていく。

カフェ・ムウィネックのオーナーのエラは、観音様のような穏やかさと笑顔の女性で、月に1回、無料で食事を提供するというすごい日を行う人だった。無料のときしか来ないというお客さんさえいた。それはもはやお客と呼んでいいのだろうか。

エラは、カフェにやってくるいろんな人たちとお話をして、人と人を紹介したり、カフェで何かのイベントをしたりと、カフェ・ムウィネックは、ただ食事やお茶に行く場所ではなく、人と知り合って楽しい時間を過ごす場所だった。日本人の私を歓迎してくれ、私はエラを通して、いろんな方と知り合っていった。

中でもすぐに仲良くなったのが、ガビとウヴェという、ポーランドとドイツのカップルだ。ジャーナリストのウヴェのおじいさんは、ナチスドイツのSS高官で、ポーランド人のガビのおじいさんは、ナチスドイツによってアウシュビッツで殺された。ウヴェは、家族の中で長いことタブーとなっていたおじいさんの存在を本にするため、おじいさんのレガシーを探るべくクラクフに来て、ガビと出会った。

2人の結婚は、特にガビの家族からの大反対にあったものの、今では「過去の未来のために」とアメリカでも活動の場を広げるようになった、世界平和の象徴のようなカップルだ。

ポーランドで2度目のクリスマスを迎えたとき、私はクラクフから車で3時間くらいの村にあるガビのご実家にご招待していただいた。

クリスマスディナーを前に談笑しているウヴェの背後には、ガビのおじいさんの写真。

日本人の私も、その場にいさせてもらえて、さらにクリスマスが誕生日の私の祖母に電話をかけて、Sto Latという100歳を意味するポーランドのバースデーソングを、一家がみんなで歌ってくれた。

第二次世界大戦中、ポーランドの小さな村の未来にこんな日が訪れるなんて、誰が予想しただろう。これが世界平和の始まりだ。

マザー・テレサの「平和は家庭から始まる」という言葉のように、まずは家族から愛することを学ばなくては、平和は来ない。

ところで、ポーランドのクリスマスイブの定番は鯉料理だ。そしてこの鯉料理は、好きな人と嫌いな人に二分される。ガビの一家は鯉料理が嫌いなのに、24日に一応料理だけはする一家だった。そしてやっぱりまずいなあと言いながら形だけ食べるという、鯉にとっては平和ではないクリスマスイブ。

初めてのクリスマスでいただいた鯉料理は、家族が大好きというだけあって、めちゃくちゃ美味しかったので、これはもう料理をする人次第なんだということを私はよく知っている。でもポーランドでは、泥臭さをちゃんととって、適切に捌いて料理をすればいいだけだというそのことが知られていないのか、鯉が美味しくお料理されていない家もまだまだある。ガビとウヴェほどの偉業を成し遂げる家庭でも、残念ながら鯉にとっては平和なクリスマスは訪れてはいない。

前世かどうかはわからないけれど、ここまでポーランドと縁があるのなら、やっぱりエゴの私は、前世にここに住んでいたと思う。私の魂はポーランドに行くと決めていたのだと思う。行くべき道は、直感で教えられる。だから、心に湧き出てくる感覚に従うことが、神さまと一緒に未来をつくる一番の早道だ。

ふんわりと世界を見る

私はアウシュビッツには5回も行ったことがある。なかなか5回もいくことはない場所だと思うので、やはりあの時代のポーランドにはとても縁があるんだと思う。

私が今も時々スーパービジョンをしていただく、アメリカの大学院のドラマセラピーの先生のご両親もアウシュビッツのサバイバーだ。ご両親の記憶は、戦後生まれの彼の人生にも影響を与えていることに気づき、私の先生アルマンドは、第二次世界大戦を体験している親を持つユダヤ人とドイツ人の歴史的な和解のワークをするようになった。人類の歴史的なトラウマを癒すことが彼のライフワークだ。

アルマンドは、収容所跡に咲いていた花を見ながら、あれほどの痛みを美しさの中で昇華させていった自然の力に感動した話をしてくれたことがある。


両親と共にアウシュビッツを訪れたとき、平和活動家の父は、敬意を表するために正装していた。展示や記録にいちいち胸を痛めてみては、人類の愚かさに嘆き、怒りを感じたりしていた。

一方母は、収容所のユニフォームを見ながら、映画『ライフ・イズ・ビューティフル』を思い出して、あの子かわいかったね、あの映画よかったねと話している。同じ場所にいるのに、目の付け所が夫婦で違いすぎる。さらに母は、日本人唯一の公認ガイドの中谷剛さんが、ガス室で使われた猛毒ガスのチクロンBについてさんざん説明してくれていたのにも関わらず、チクロンBの缶を見て、あの缶はなんですかと聞いてしまい、中谷さんを苦笑させ、その場にいたみんなを一瞬黙らせ、私に突っ込まれた。猛毒ガスと缶は結びつかないよね。

活動家だったアルマンドのご両親は、収容中でも密かに戦い続けていたらしいし、『夜と霧』（みすず書房）の著者のヴィクトール・E・フランクルは、あの地獄のような世界の中にありながら、希望を失わずに、愛という真実とつながりながら、講演をしている未来の自分を想像していたという。どんな状況であっても人は尊厳を失わずに生きることができることを証明してくれた人物だ。

「残酷な日々の中、芸術を味わうことで、人間性を失わないでいられた」

アウシュビッツの展示の中には、こんな言葉が書かれていた。収容者たちは、ダンスや音楽や演劇などの芸術を隠れて楽しんでいたという。私は、芸術は神さまとつながるために人間に与えられた力、自然と向き合うために私たちに与えられた力だと思っている。

やっぱり生き残った人たちは、そうやって意思を強く持って、人間性を失わないようにしていた人なんでしょうかという話を中谷さんにすると、彼は、そうですねと言いながら、少し躊躇しながら付け加えた。

「私もこれまで、生き残った方たちにたくさんお話を伺うことがあったんですが、もう1つ共通する特徴がありましてね。それは、お母さんみたいに、なんていうか…天然の方なんです」

確かに、この空間にあって、母は母の感性で楽しむことができている。悲惨さを感じていないわけではないが、上手に回避できているのだと思う。私たちは笑わずにはいられなかった。母はちょっと拗ねて「褒めてくれてるのよ」と言っていたけれど、父はそれに大きく同意していた。

「私みたいに、こういうものを前にすると、胸が痛んで、そしてそれが怒りになってしまうのとは違うね。お父さんはきっと、こういうところでは生き残れないタイプかもしれない」

父は母をとても尊敬している。母なしでは生きていけないとよく言っていた。4歳のときに、空襲を体験したことから、彼は平和活動に捧げるようになった。

高校生くらいのとき、父がふと言ったことがある。もしもお母さんに憎まれて離婚することになったとしても、お父さんはお母さんがどこにいても幸せでいてほしいとすごく願うと。それなら憎まれないように、離婚されないようにしなくちゃねと笑ったが、彼にとって、天然の母はすごく救いだったのだと思う。

サバイバーの方々は、天然というよりも、ふんわりと世界を見る力があったんだと思う。ふんわりという言葉の響きは、太陽の日差しをたっぷり含んでいる柔らかい心地がする。そうやって世界を見ることができることは、そこに神さまの視点を招き入れることだと思う。神さまの視点が入るから、そこにはきっと平和が生まれる。ユーモアも希望も同じように、ふんわりとした空間をつくってくれる。きっとそれがサバイバーたちを支えていたのだと思う。

ガビとウヴェに招かれて、アウシュビッツ近くのギャラリーでの展覧会と講演会に参加したときのこと。ある男性の収容所からの脱出劇のお話だった。映画みたいなスリリングなお話を聞いたその帰りの車の中で、突然、どうしよう！　とガビが叫んだ。

主催者がガビに、講演をされた方の本と何かの詩集をプレゼントしてくれたので、ガビはその男性に話しかけに行った。そのときにガビは、この男性は、名前は知らないけれど、絶対誰もが顔を知っているという名脇役映画俳優さんだということに気づいた。

その本にサインするよと申し出てくれたのでお願いすると、男性はその詩集にもサインするよとガビに言った。ガビは訝しく思いながら、「これは、コバルチックという人の詩集ですよ？」と念を押しながら、彼に本を渡した。そしてもらった詩集を開いて見たら、そこには「私がコバルチックです」という言葉が書かれていたのだという。

「どうしよう、このおじいさん、人の詩集にまでサインしたがって困った人だわと思っていたら、本人だったなんて。あの映画の俳優さんですねと言いながら、私あの人の名前知らなかったのよ！」

落ち込むガビを、私たちは笑いながら慰めた。ちなみにガビはポーランドのショウビジネスでも仕事をしている。アウシュビッツから脱出したサバイバーで映画俳優さんの90歳のおじいさんが、こんなことを失礼だなんて思うはずはない。彼は笑いをこらえながら、サインではなく「私がコバルチックです」と書いたに違いない。こんなユーモアがある人だから、彼は逃走劇までして生き延びたのだ。

ガビはその日、お父さんが収容所にいたという、明らかに戦後生まれの年齢の方に出会い、「お父様は生き残れたの？」という質問をして、「でなければ私もここにいないですよ」と答えられてしまったという話もしてくれた。

アウシュビッツと聞くと、暗い歴史を思い起こさせるかもしれないけれど、ふんわりとユーモアを持っている人もちゃんといたのだ。どんなことであっても、ふんわり見ることができたら、この世界はもっと平和になるのかもしれない。

ウヴェは、ジャーナリストとしてドイツのタブーを書き続けた結果、ネオナチから脅迫電話なんかも来たりして、なかなか怖い体験もしている。そのウヴェと一緒にいるガビも間違いなく、ふんわりと世界を見る人なんだと思う。

私と神さまの関係

私は中高一貫のキリスト教の学校に通っていた。進学校の女子校で、生徒たちはおおむねいい子たちで、でもいい成績を取ることが一番大切なことのように見えた。

中学2年のときの宗教のテストで、「神さまがいると信じますか?」という質問があった。この答えはイエスに決まっている。点を取りたければ、力一杯のイエスを書けばいいだけだ。間違いない。そんなことは私だってわかっている。

でも私は、こういう質問はちゃんと考えるタイプだった。そして正直に書いてみた。信じたいけれど、信じられないこともあるということ。神さまがいるのなら、なぜ戦争があるのか理解できないことも。もしかしたら、先生はちゃんと一緒に考えてくれるかもしれないという、淡い期待を持って…。淡い期待だったので、答えてもらえなかったことくらいでは気にならない。でも私は、職員室に呼び出されて説教されることになるとは、全く想像すらしてなかった。

職員室に行くと、宗教を教えていた老婆のシスターが、本当にこの生徒は問題児だといいながら、私に説教を始めた。「こんな態度では困ります。何を考えているの、大体成績も悪いのよ、勉強もできないのよ、ろくでもない子だわ」とボロクソに私のことを言ってきた。

確かに成績は悪かったが、神さまはそんなこと多分気にしないだろう。

怖い先生に呼び出されて、最初は恐怖を感じて小さくなっていたはずなのに、説教が続くにつれて、私は不思議なくらい落ち着きを取り戻し、彼女を見下し始めていた。

この人って、ものすごく愚かな人なんだ。神さまのことを信じるかどうかという個人的なことを、コントロールできると思っているのかしら。それに、神さまという大きな存在との関係について深く考えることは、とても美しいことだ。それさえもできないのに宗教を教えるなんて…。もっと言えば、成績重視の子供たちは、心にもないこと、つまり「先生が喜ぶ正解」を書いていることになぜ気づけないんだろう。

女子中学生たちはみんな、そんなに純粋ではない。真っ白な心で神さまがいると信じている子も少しはいたかもしれないけれど、ほとんどは成績のために「正解」を書いているだけだ。真っ黒とは言わないが、パーフェクトな純真無垢さは彼女たちにはない。

何を言われても気にならなかった。ただこの日私は、この老婆を心から軽蔑し、少なくとも尊敬に値しない大人だと悟った。まあ「成績が悪い問題児」に尊敬されなくてもいいだろうけれどね。

お説教の締めくくりに、「神さまがいると信じます」と言わされた。こんなに乱暴に力づくで「神さまはいる」と言わせることに、教育の意味があるんだろうか。何時代なんだ。やっぱりおかしいのだわ、この人。

冗談じゃない、神さまと私の関係は、私が決めるんだ。

大人になって、この話を友人にしたら、彼女は大笑いした。「なんでそんなに損する行動をするわけ？　そんなの適当に答えておけばよかったのにね。大真面目で、大馬鹿だわ」と。

成績や自分の損得を考えたら、私がやったことは、まさに大馬鹿なんだけれど、私は中学生の自分が、そういう純粋な気持ちを持っていたことに、少し誇りを持っている。

少なくとも、先生に喜ばれる「期待通りの答え」が書けないだけの、空気を読まない力を持っていた。多分誰よりも純粋無垢だったのね。

私は神さまを実は信じている。神さまとの関係はめちゃくちゃいいし、いつだって神さまを頼っている。だから、あのときテストで答えた誰よりも、神さまを信じているかもしれない。

でも言いたい。私は私の力で、神さまとの関係をつくってきただけ。老婆の喜ぶ答えでは決してないわ。

遊んで笑っていれば大体なんでも大丈夫

「遊び方を知る者は、いかなる障害をも飛び越える。歌うことと笑うことを知る者は、いかなる困難にも挫けない」

このイグルーク・エスキモーの格言は、人がどうやって問題を乗り越えていくのかを教えてくれる。

ドラマセラピーは、遊びの要素がふんだんに取り入れられた心理療法だ。笑いながら自分を見つめることができる最高の方法だと思う。エネルギーレベルも上がるし、フォトンも増える。

実際子供たちは、創造的な遊びを通して自分を癒し、成長させていく。遊びは私たちに備わった自己治癒能力とも言える。

脳がシータ波の子供たちの問題解決方法が遊びならば、思考をこねくり回して悪化させてしまう大人の私たちはもっと遊んだほうがいいと思う。

フレッド・ランダースというアメリカのドラマセラピストは、遊びを主体としたドラマセラピーによって、多くの犯罪加害者の心の状態が改善されていった論文をいくつも発表している。

遊んでいるだけのセラピーだったのに、結果としては彼らから罪を犯した後悔や被害者への謝罪だけでなく、他者への優しさまで見られるようになっていったという。

ティーンエイジャーの男の子たち8人のドラマセラピーグループは、「手も足も出てしまう彼らが、話し合いができるようになってほしい」という要望を受けて始まった。彼らは虐待やネグレクトのある家庭で育ち、親から離れ施設に暮らしていた。そして思春期の複雑な心の中に、傷つきと怒りをたくさん抱え持て余していた。

ドラマセラピーでは、いろいろなシーンを展開させて、自分ではない誰か他の人になることができる。オスカー・ワイルドの「仮面を与えよ、そうすれば人は真実を語るであろう」の言葉通り、自分という枠から外れると、人は自分の思いを自由に表現できる。

彼らが希望したシーンはいつも大体こんな感じ。殺人事件、強盗事件、派手な喧嘩。

つまり世間で言う「悪いもの」をあえて遊ぶことになる。多くの方は、「そんなことをして、悪いことを肯定することにならないのか？」と心配されるかもしれない。

想像力は、私たちの潜在意識から湧き出てくる。その想像の世界を否定してしまうと、自分の意識ではコントロールできないものが「悪いもの」というメッセージを与えることになる。すぐに手も足も出したくなるくらい、自分でも持て余しているこの怒りを、悪いものだから抑えようと言われたら、絶望的に苦しくなるはずだ。そしてそんな暴力性を持つ自分を、今まで以上に責めるようになる。彼らはもうすでに十分なくらいに、自分は愛されていないのではないかという傷を抱えて苦しんできているのに。

想像力はどんなものも悪いものではない。安心できる空間で、今この瞬間出てくる想像力は、必ず私たちに、自分らしく生きるための、新たな世界との関わり方を教えてくれる。ドラマセラピストとして確信している。

ドラマセラピーで扱うシーンは、すべて「架空のもの」であり、彼らの実生活とは関係ない。現実の自分から距離があるから、安心して怒りを扱うことができるようになる。

ということで、最初に殺人事件のシーンの提案があったとき、私はそれを「普通のこと」として受け入れて、こう言った。

「オッケー、じゃあ、誰がどんなふうに、どこで殺されるのか決めよう」

男の子たちは喜んで、殺人事件の簡単な筋書きを考えてくれた。そしてシーン開始。

参加したくないと端っこで座っている子には、映画監督として見ていてもらう。その気になったら、スタートと言ってもらうけれど、最初は完全に白けていたので、私は助手になり「監督、私スタートって言ってもいいですか？」と彼に聞いてから始めた。何もしなくても参加している状況をつくってしまうのだ。それは「このままでいいよ」というメッセージにもなる。

殺される役は、大体施設の指導員の先生が選ばれた。先生が何も言わずに、この役割を毎回引き受けてくださったことを私は本当に感謝している。

そうやって、殺人、強盗、殴り合いを毎回楽しく行なっていた。殴り合いはリアルにはできないので、スローモーションバトルを繰り広げてもらう。スローモーションにすることで、マトリックスみたいなこともできるし、技も広がって、かっこいい自分を披露できるようになる。

毎回被害者役の先生も、死ぬ演技の腕が上がっていった。

彼らは楽しみながら自分の内側にある暴力性を消化していった。そうするとシーンは変化していく。

あるとき、大量虐殺が起きた。人々はみんな死んでしまった。先生だけでなく、男の子たちも私もみんな床に寝転んでいる。ちなみにあの映画監督は、シーンを重ねていくうちに、自ら通行人になって登場するようになり、その頃には一緒にシーンに参加してくれていた。

シーンは筋が大体決まっていても、即興で展開されていく。次の展開をどうしようかと考えていると、1人が立ち上がった。「俺はみんなを救うぞ！」と彼は言い出し、みんなを助け出した。

彼らの暴力性が、ヒーローに変わった瞬間だった。それから彼らは、警察や消防士などになっていき、殺人事件はなくなっていった。日常生活でも、手や足が出る前に、話し合ったり、ひと呼吸つく余裕を持てるようになっていった。

最初は無理やり映画監督をさせられていた彼は、休憩時間に私のところにジュースを持ってきて「先生、これ」と言って去っていったり、おそらく一番、手足や言葉の攻撃が多かった男の子は、「先生、俺、これ、好きだよ」と私の隣に来てそう言ってくれたりした。

ぶっきらぼうな彼らの短い言葉が、暴力性のもっと向こうにあった、彼らの純粋な愛情を私に見せてくれていた。私が好きだと言われたわけではないけれど、可愛い言葉にキュンキュンしちゃう。彼らは暴力的なんかじゃなくて、愛でいっぱいの可愛い男の子たちだった。

想像力を使って遊ぶことは、必ず私たちの問題を乗り越えさせてくれる。これが、神さまが私たちに与えてくれた、自分を癒して成長させるための力だと私は思っている。

第５章
私の知らない愛の世界

世界一のハグ

ハグをすることが仕事になる人、世界にはそんな人が存在する。その人に会うためだけに、世界中から人が集まってくる。ハグしてもらうためだけに、だ。

しかもみんな喜んでお金まで払っていく。ハグをしてもらえるとどうなるのか、さっぱりわからない。世界中から集まってくるのだから、パンダみたいに貴重な存在なのか、ものすごいパワーを持っているとか、ものすごいご利益があるとか、その人そのものがパワースポットみたいなものなのだろうか。

パワースポットとされる場所は、いつでもたくさんの人が集まってくるし、そういうのと同じなのかな。世界中の人が会いたくなるなんて、どれだけすごいのだろう。

それにしても、ハグだけでお仕事になるって、めっちゃ楽でいい仕事じゃないか。どうしたら人が喜んでお金を払いたくなる存在になれるんだろう。お金が関わると、余計に胡散臭くなる気がするのに、なぜこれが仕事になるのか、全く理解できない。

ポーランドに住んでいるとき、ムージという覚者に会いに行った。ムージに会う前、私は彼が誰なのか全然知らなかった。そしてネットでリサーチしていたときに、ムージは悟りを開く前に、家族の協力を受けて、何も仕事をせずに1人で瞑想をしていた…というようなことを読んだ。
この事実が真実かどうかはわからないが、それを読んだ瞬間、私の中で疑問が湧いてきた。

悟りを開く。それはお釈迦様が達した境地なのだから、本当にすごいことだと思うけれど、お釈迦様も家族を捨てて出ていった感じがあるし、なんだか「悟りを開くこと」は、自分勝手な気がしたのだ。だって毎日の生活のほうが大変じゃない？
現代社会を生きることのほうが、山にこもって瞑想をするよりもずっといい修行になると聞いたことがある。毎日生きていくのに必死だし、未来は不安だし、人間関係は煩わしいし、その中で生きるほうがよっぽど辛いのに。

だからムージの話を聞いて、仕事もせず、住むところやお金や食べ物の心配もせず、瞑想に耽ることができたなんて、なんか甘えていない？　本当にすごい人なわけ？　自分勝手すぎない⁇　と正直思っていた。というわけで、大好きなエラが一緒に行こうと教えてくれたムージなのに、私はかなり斜めから構えて、胡散臭い人ではないのかという色眼鏡を持って見ていた。

ムージはサットサンと呼ばれる講話を行い、その後に聴衆からの質問に答える。とてもいいお話をしてくれていたはずなのだが、今となって思うのは、当時の私はムージの話を理解できるほど、精神的に成熟してはいなかった。

ムージのところに質問に上がった女性は、ムージを前にしたとたん泣き出してしまい、質問など全くせずに、ただこう言った。

「本当にこれは現実ではないのね、現実じゃないのね」

彼女は笑いながら、大泣きしていて、それを見つめるムージはほほえんで、いい子だ、いい子だと頷いている。本当にそれだけの時間だった。見ていた私はポカーンとしていた。でも私の周りの多くも、彼女のように泣いたりしていた。

現実じゃないのね、と彼女は確かに言っていた。当時の私には全然わからなかった。どういう意味なんだろう。なぜみんな泣くんだろう。さっぱりわからないが、わからなさすぎて、私はスルーしていた。


子供の頃、私はいつでも、この世界がなぜあるのかがわからなかった。死んだらどうなるのかも、経験者から話が聞けるわけでもないし、天国が本当に天にあるかどうかもわからない。

そもそもなんで私は生まれてきて、自分という存在なのかもよくわからなかった。

時々、「今、なんでここにいるんだろう?」という疑問が出てきたり、我に帰ったように「ああ、そうだった、私は今はこの家の子なんだ」と思い出すような感覚に陥ることもあった。

世界の仕組みは一切わからないけれど、世界はここだけではないことはなぜか知っていた。

寝る前にいろいろと考えたことがある。そして小さな頃の私は、あまりにわからないこの世界を、「いつかわかる日が来る」と結論づけた。

私のイメージでは、それは死んだ後のことで、そのときにすべてが「見える」のだと思った。自分が生まれてきた意味や、この世界が本当はどうなっているのかは、生きている間には理解できないのだと結論に達したことで、なぜか安心できた。私にとっては、考えても無駄なことだと理解できたのだ。

このやりとりも、多分それに近いお話だと直感的に思ったのか、私は考えるのをやめた。いつか理解できるはずだから。でも何人も泣いている人たちがいたことを考えると、死んでもいないのに、理解ができる人もいるようだ。でもそれも、スルーすることにしていた。考えてもわからないんだもの。

講話が終わり、ムージが１人ひとりとハグしてくれるということになった。こんなに斜めから見て「けっ」と言っているくせに、こういう機会は逃さないのが、私のいいところ。

ムージに挨拶をして、ハグをしてもらう。ムージはめちゃくちゃ優しい表情だった。目は口ほどに物を言うって本当なんだな。私に「神さまはいます」と言わせたあのシスターの、氷のような冷たい目とは全然違う。

ムージがハグをしてくれると、その瞬間私の目から涙がこぼれた。あんなにも捻くれていた自分なので、そんな自分に驚いてしまう。勝手に涙が出てきて、胸がいっぱい。目の前にいるムージは、私を「完璧な魂の存在」と見てくれていることが、瞬間で伝わったからだ。そして私の心は、一瞬にしてムージの虜。

安心と愛でいっぱいになって、満たされていて、びっくりするほどの幸福感を味わっている。これが愛なんだ。これこそが、愛を持って見るということなんだ。こんなレベルで人を見ることなんて、この先私にできる日が来るんだろうか。

今ここでムージを思い出すだけで、あのときの暖かさが蘇ってくるほどだ。ムージは「神さま」ではないけれど、神さまに近い目線で世界を見ている人の1人だ。

この愛を感じたくて、世界中から人が集まってくるんだ。きっとムージの家族も、彼のそばにいることが幸せだったから彼を支えてきたんだと思う。今は世界中に呼ばれてお話をする彼のおかげで、逆にたくさんの恩恵を受けているはずだ。

ムージがくれたこの暖かさを思い出すと、もう1つの疑問もあっという間に解決する。

なぜこれが仕事になるのか？

すべてのものはエネルギーであり、当然お金もエネルギーだ。お金の役割は、それと同じ価値のものと交換することだ。私たちはムージの暖かい幸福のエネルギーをいただくから、それと同じ価値だと思う金額を払う。

「お金だけが価値があるもの」と信じていると、この現象は理解しにくいかもしれない。

目に見えないものにも等しく価値があり、お金はただのエネルギーの交換ツールと捉えられるとこの現象は理解しやすいはずだ。


ムージがしているのは、ハグをしてお金を得ることではなく、豊かさや愛というエネルギーを物質的なエネルギーにすることだ。

そこまで理解できると、豊かさが本当は増えることがわかる。ムージは愛を世界に見ているだけで、お金を稼ぐことができるわけだから。ムージの愛が増えれば増えるほど、彼に支払われるお金も増えていく。文字にすると、なんだか下世話な話になってしまう気がするけれど、それは、私が「お金を欲しがってはいけない」などのように、お金に対して持っているネガティブイメージのせい。お金はエネルギーでしかない。お金に余計な意味を持たせているのは私たち。


何にしても、お金持ちになりたかったら、本当はただ愛する人になればいい。そしてそれが一番難しいということに気づくと、過去の私が、ムージやハグをする人たちに持っていたみたいな「胡散臭い思い」はなくなっていくはず。

自分勝手な平和が平和の始まり

20世紀最大の魔術師と言われるグルジェフが、戦火の中、平和のために静かに踊りを踊っていたという逸話を聞いた。その瞬間私は、戦争でみんなが大変なときに、お祈りの踊りを踊っていたなんて、この人はなんて自分勝手なんだろうと考えた。

不謹慎じゃないのかな、誰かに文句言われなかったのかな。

そう思ってしまったのは、この世界は私たちの思考でできていることを知らなかったときのことだ。

私が通っていた中学、高校では、節食ランチという日が1年に1回あって、その日はお弁当をおにぎりだけにしましょうという、そういう試みだった。

これは貧しさを体験的に理解することと、ランチにお金をかけなかった分だけ募金をするための活動で、まあ言ってみれば「いいこと」なんだと思う。

神さまを信じられるかという試験の解答に疑問を投げてみた私なので、実はこのランチの意味もよくわかっていなかった。偽善に思えてならなかったのだ。

それについて、このランチをする意味はなんだろう？　とクラスメイトにふと話してみたら、「あなたってワガママすぎるのよ、この日はワガママいってはダメなの」と説教されてしまった。意味を理解しようとしただけで、「疑問を持つな、ただやれ」みたいな回答で、疑問を持たないクラスメイトに疑問を持ち、頭にきつつも、人からワガママだと思われているんだなと地味に落ち込んだことを覚えている。

クラスメイトたちは、私から見ると相当裕福な子たちばかりだった。

彼女たちは、地元静岡から時々東京に行ってお買い物したり、夏休みは東京に滞在して受験のための予備校に通わせてもらったりしていた。女子校の彼女たちが東京の予備校に通うのは、大学受験に備えたいだけではなく、不純な動機もあったはずだ。塾も1つしか行かず、お金をかけないようにしていた私とは全然違う。

もちろん私は、最終的にイギリスの大学に行かせてもらえて、ここぞというときに大金をいただくことができたので、そういう意味ではめちゃくちゃ裕福なのだろうけれども…。

何にしても今日私が、お昼を少し減らしたところで、家に帰ったら夕食をいっぱい食べて、おやつも食べて、実際には飢えていないのに、節食ランチをする意味ってなんなんだろう。

いいことしているふうでいて、問題の根本的解決には何にもなっていないはずで、でも無駄に不条理に罪悪感だけが残るこのイベント。

私が食事を減らして、そのままアフリカの子供たちの食糧が増えるのならわかるが、決してそうではない。

自分の幸せを我慢したら、隣にいる人が幸せになるわけではないことと同じだ。

お腹が空く体験をすることで、私たちは何を学ぶべきなんだろう。なぜ学校は、「いいこと」と思われることをさせるだけはさせて、そこで感じることを消化する時間を与えてくれないんだろう。

恵まれた場所に生きていることに対し、若干の罪悪感はいつもあって、幸せな自分はダメな気がしていて、でも社会を変えるほど自分は大きな存在ではないことで無力感を持ったりする。友達に嫌われないことや、いい成績をとるほうが大事で、忙しく毎日は過ぎていくので、こういう罪悪感もどこかに追いやられていく。

そしてなんとなく後ろめたさを持ちながら、私たちは進んでいく。

節食ランチで消化不良を起こしていた私に、ようやく答えが見えてきたのは、大人になり、1人ひとりの思考に本当に力があることを知るようになってからだ。

奇跡のコースのティーチャーの1人、マリアン・ウィリアムソンのオーディオセミナーを受けていたとき、

「飢餓がなくならないのは、私たちに愛がないから」という、当時の私には意味不明すぎる言葉を言っていた。私たちに愛がないと、飢餓が続くわけ？　どういうこと？

訳が全くわからず、その意味を知りたくて、私は学びを進めて行った。

私たちの思考が現実をつくる。その私たちの思考の中に、自分を幸せにすることを否定したり、他人の幸せを喜べない貧しい思考がある。自分が幸せになったら、どこかで罪悪感を持つ。こんなにも飢えている人がいるのに、私は好きなものを食べているなんて、なんて私は悪いことをしているんだろうと思ってしまう。思考が世界をつくるわけだから、罪悪感が増えれば、それだけ問題が現実化してしまう。

罪悪感を伴う貧しい「愛のない」思考が、物質世界の貧しさを増やしていく。私の中の貧しい思考が、世界の飢餓を増やすことになる。

でも、本当は反対だ。私たちが自分を幸せにすることができれば、そこから幸せのエネルギーが現実の世界でも増えていく。フォトンが増える。

私たちが、自分やそばにいる人へ愛を向けることができないから、不平不満が溜まっていき、それが戦いを生み出し、戦争などになり、国際的な大きな問題になっていく。

飢餓をなくしたいのなら、自分と自分の周りを愛することから始めるしかない。

節食ランチは、飢餓について考えるきっかけにはなるけれど、私たちに罪悪感を覚えさせ、結果世界の飢餓を持続させてしまうということになる。

当然、誰もそんなことを知らなかったし、「飢餓をなくしたい」という愛情から始まっていたはずの活動だ。実際、集められたお金は、学校が支援していた「フォスターチャイルド」のために使われていたから、誰かを助けることはできていたし、中心になって活動していた生徒たちは、みんな心優しくて社会を良くしたいと願っている素敵な女子高生たちだった。だから、その活動をするのならば、自分や周りに愛を向けることも一緒に付け加えたい。さらに自分の人生の可能性は思い切り生かしたほうがいいということ、与えられた生命を、何の躊躇いもなくただ輝かせればいいということも一緒に学べたらいいなと思う。

自分が幸せになり、相手の幸せを願えることが、最高の貢献になる。無駄な罪悪感を持っても、地球にいいことなんて1つもないのだ。

マザーテレサのもとに、日本人の女の子たちがお手伝いをしたいとやってくると、マザーは日本に戻って家族や周りの人に愛を捧げなさいとおっしゃったという。

マザーは、世界には2種類の飢餓があり、1つは食べ物がない飢えと、もう1つは、日本に見られるような精神的な飢えだという話をされたことがある。特に日本を名指しされたのだから、私たちが、愛を欲して苦しんでいることが、彼女には見えていたんだと思う。

マリアン・ウィリアムソンが言っていたことはこのことだ。食べ物はあるけれど、自分を幸せにできる愛がない。愛が足りないから、飢餓を助長させてしまう。

私の中が、こんなにも自分やそばにいる人に対して意地悪な思考を持っていたら、戦争はなくならない。それがちゃんとわかっている人は、マザーテレサのように、フォトンを減らすような戦争反対の活動はせず、光を増やす平和のための活動をするのだ。

グルジェフが祈りのダンスをしていたのは、戦争が始まったとき、誰か1人でも平和を祈ることで、世界の平和に貢献していたからだ。

世界中のフォトンを増やすことができれば、平和が近づく。1人ひとりが、自分を幸せにすることができたら、いじめはなくなると私は本気で考えている。でももっとすごいことに、幸せな人が増えたら、世界から戦争も飢餓もいつかなくなる。

だから私は、心のレッスンを毎日する。そしてできる限り、そばにいる人を愛する練習をする。実はこれが一番難しいのだ。

95%の人が知らない本当の愛

「結婚しているカップルの95%が真実の愛を知らない」とロイド博士は言っている。

95%、またこの数字だ。

本当に私たちがそれだけこの世界をわかっていないんだなあと痛感させられる。奇跡のコースでも、私たちは愛を理解することはできないと言っているし、気軽に「愛」という言葉を使ってはいるけれど、愛は本当に難しいと思う。

ほとんどのカップルは、相手の存在が、自分のためになるのかどうかがベースにある「契約」のような結婚をしているとロイド博士は言っている。

ロイド博士の「本当の愛」を簡単にいうと、「相手の悪いところリスト」をあげないことだ。簡単なことじゃない。なにしろ私たちは、ダメ出しをしてばかりで、自分さえも無条件で愛することだってできていないのだから。

ロイド博士自身、奥様からあるときに家を出ていくように言われたことがある。そして家を出て、1人で悲しんでいるときに、これまた啓示のように「お前は本当の愛なんて何にもわかっていない」という声が聞こえてきたという。ロイド博士だって、最初はその声に大いに抵抗した。そんなわけない！　自分は愛を教えているんだ、愛を知っているぞ！　と。

でもその声がだんだん彼の心に浸透していき、彼は大事なことに気づく。確かに、奥様のことを愛していると言いながら、もっとこうしてほしい、ああしてほしい、そうすればもっと愛せるのにと思っている。本当に愛しているのであれば、彼女が何をしても、ただそのままを受け入れられるはずだ。

そこで彼は、本当に彼女を愛するという決意をした。それは、彼女のことを最優先させるという決意にもなった。誤解されやすいが、これは自分が犠牲になるという意味ではない。相手の喜びが、本当に自分の喜びになるというレベルで、最優先させるということだ。

相手の喜びが自分の喜びになる。簡単じゃない。簡単じゃないため、私ができることで説明すると、大変レベルの低いお話しかできない。

たとえば、私が大好物のとても美味しい食べ物があったとする。それを娘や夫や両親が食べたいと言ったとき、私は喜んでそれを彼らに食べてもらうことができ、彼らが美味しいと言っていたら、とっても嬉しい。自分の大好物なんだけれど、自分が食べなくても全然構わない。この美味しいものをみんなが体験できたら、めちゃくちゃ嬉しい。

相手を優先させても自分の喜びになるというのは、こういうことじゃないかなと思う。レベルは低いと言ったけれど、大好物なんだから結構凄いことだと思う。ではあらゆる場面でこれができるか？　と聞かれたら、とても難しい。

そんなわけで、私は簡単に残り５％に入れるほどの大きな心を持っていないため、レベルが低い形でしか説明できないのだけれど、ロイド博士は、本気で彼女を優先させることにした。そうやって彼女中心の生き方が彼の喜びになっていったら、いつの間にか、彼が彼女にしてほしかったことが全部叶えられるようになったという。

これは彼自身も予想していなかった結果だった。相手への期待をすべて放り出したわけだから、予想もしなかったのは当然だ。この結果をロイド博士が話すと、「じゃあ私も相手を愛してみよう！だって自分の希望を全部叶えて欲しいから」と言い出す人もいたそうだが、それでは相手を優先するどころか、自分のためになってしまうので、「愛すること」では全くない。

愛を差し出せば、愛が返ってくる。今ではそれが喜びになっているロイド博士だけれど、「愛は痛みを伴う」とも言っているので、やはり自分の中の傷を癒す必要はあったと思う。なにしろ根に持った細胞が、いろんなところで大騒ぎするわけで、奥様を優先させることで、何かしらの苦しみや辛さを思い起こさせる記憶が出てきたはずだ。

特に家族の中での愛は、幼い頃からのさまざまな記憶が刺激されるので、地雷はいろんなところにある。彼女に対して感じる不満などを、相手のせいにするのではなく、「自分の責任」として受け入れる。不満だと感じさせているであろう記憶を、覚えているものも、覚えていないものもすべてただ癒していく。怒りなどが起きる度に、その反応に気づき、それを癒しのきっかけと見る。そして、ただ相手の喜びが自分の喜びになるまで、癒しを続ける。

これが痛みを伴うという意味だと思う。「本気で愛する」という決意がなければできない。ロイド博士は私にとって愛を教えてくれる先生だ。

親は無条件の愛情を子供に向けることができると一般的には信じられているし、私もそう思う。でも、おそらくそれが簡単にできるのは、子供がとても小さいときくらいだ。

本質は愛だったとしても、私たちは簡単にエゴに乗っ取られてしまう。子供にだんだん自分らしさが育っていくと、親が思ってもみなかった方向に進み出すこともあるし、口も達者になって小生意気なことを言ってくることだってあるはずだ。

私たちは、潜在意識にある傷ついた記憶に動かされてしまう。「心配だから」と言いながら子供をコントロールしたり、自分自身を認められないからこそ、子供を否定してしまったりすることだってある。

このとき顕在意識の力、つまり意志がとても重要になる。私たちが意識的に扱える５％をちゃんと使うのだ。

「意志を持って、記憶を癒す」

これを選ばなければ、私たちは潜在意識の記憶に持っていかれて、エゴのストーリーの中で大暴れする。自分の傷に目を向けて癒そうとするのは、見たくないことを見る可能性もあるので、痛みを伴う。これが愛するという第１歩。簡単じゃないから、多くの人が結局、相手に文句を言ったり、自分を憐れむような、エゴのストーリーに流れていくのだ。

エゴの私たちのデフォルトは恐怖と罪悪感だけれど、魂の本質は愛だ。だから「本当の自分」は愛を表現しているのだけれど、エゴまみれの私たちはエゴの解釈をしてしまうので、愛を見ることができなくなっている。自分に都合のいい愛だけを愛と捉えてしまう。

ロイド博士がいう95％の人たちは、エゴで愛を理解していると言い換えることができる。そしてエゴの見方を捨て去り、愛を理解する過程が「痛みを伴うもの」なんだと思う。

夫婦間だけでなく、親子間、兄弟姉妹間でも、本当の愛を持って接するのはエゴの私たちには難しいけれど、でも家族だからこそ、痛みを伴ったとしても、魂からの愛を選ぼうと努力もできるんだと思う。家族は、こんなにも美しいレッスンを一緒に行う仲間なんだ。

魂の本質は愛なので、喧嘩した後など、相手を心から愛していたことや、本当に求めるのは相手の幸せだったと気づいたりする。そして相手と和解をしようと話し合いをしてみる。それなのに、あら不思議。さっきまで愛とつながって相手の幸せを願ったはずなのに、話し合いが言い合いに変わっていく。そしてなんとしてでも相手を言い負かしてやりたくなったりする。

こういう話し合いはエゴの私たちのエンターテインメント。あっという間に愛じゃなくなり、相手よりも優位になろうとパワーダンスを繰り広げていく。言い負かすことができれば、スッキリ。

でも逆の場合は、なんだか悔しい。相手を優先させようなんて思いは全くない。

自分を責めてもしょうがない。すべて潜在意識のせいなのだから。そして自分を癒すきっかけにして、いらない記憶を癒し、「愛を持って相手を見ることができるようになりたいなあ」という決意を思い出せばいい。

エゴの私たちは愛を理解できない。そして本当の愛は、頭の理解を超えた体験を通してしかわからない。その愛を経験するために、すべきことはただ1つ。自分の心が乱されるときには、ひたすらその原因となっているだろう、私が覚えてもいないのに私を動かす記憶を癒すこと。

これを続けていくことで、きっと真実の愛を知る5％の中に入れるようになる。

私は私を牢獄に閉じ込める

その日、カフェ・ムウィネックに3人の女性が集まった。ここ1年かけて彼女たちが体験してきたある男性との関係について話し合うためだった。彼女たちは悔しくてたまらない。なぜなら各々が最愛の恋人だと思っていたイギリス人のコリンが、同時に彼女たち3人と関係を持っていたことが、今この瞬間明らかになったからだ。3人の女性のうちの1人は、なんとユダヤ教のラビだ。

愛を込められたはずの3人へのメールの文章は全く同じものだった。せめて自分だけは特別だと思いたかった彼女たちの怒りは爆発しそうだった。問い詰めようと3人がコリンのアパートに行ったとき、彼は一目散に逃げていったという。アラフィフ女性たちは走って追いかけた。

それを見ていたガビは、女性たちに同情しつつも、コメディのようだったわと笑っていた。

カフェ・ムウィネックに集まる人たちを巻き込んだこの泥沼ラブコメディは、実はもっとたくさんの人を巻き込んだ詐欺事件だった。ラビの女性は、コリンのアパートの保証人にもなっていたので何ヶ月分もの家賃を払うことになった上、3人の女性たちはみんな彼にたくさんのお金を貸していた。さらにカフェ・ムウィネックでは、色々な人たちの被害も明らかになっていった。こんな狭い世界で、よく1年もバレずにできたなあと逆に感心さえしてしまう。

初めてイギリス人のコリンに会ったとき、私はこの人ちょっと嫌いかもというセンサーが少しだけ働いていた。でもすでにカフェ・ムウィネックでは人気者だったコリンにそんなことを思ってはいけないと、自分の直感を脇に追いやった。エラもコリンのことをよく褒めていたし、きっといい人のはずだ。

50代半ばくらいのコリンは、ポッシュなイギリス英語を話し、とても知的なベジタリアンで、ポーランド人のお姉さまたちは彼の虜になっていた。今思えば出会った頃、彼は色々な女性たちにロマンスを仕掛けていたのだと思う。だから私のセンサーも働いたのかもしれない。

全然覚えていないのだけれど、私はコリンに「あなたは私には年上すぎる」というようなことをはっきり言っていたとガビが言っていた。え、私そんな失礼なこと言ってた？　逆にショック。覚えていないのもショック。「心理士なんだから人を悪く思ってはいけない」と自分を戒めていたはずなんだけど。何にしても、ターゲットにされずに済んでよかった。でかした、過去の私。

コリンはあの手この手を持っていた。一緒にビジネスをすることで引っかかった人もいる。エラは、カフェのメニューを一緒につくる手伝いをしてくれたお礼に、好きなものを食べていいわよと言ったところ、1年間に渡り一度も支払いをしてもらえなかったという。なんで何にも言わなかったの？　と聞くと、そのうち払うのかと思っていたのよという呑気なお答え。毎月1回すべてのお客に無料で食事を提供しているオーナーの余裕なのだろうか。これもレッスンよねとエラは相変わらず観音様の表情だった。

そういう私もちゃんと詐欺被害にはあっている。彼は特に自己啓発系の情報をものすごくよく知っていた。ハートの研究で有名なハート・マス研究所で学んでいたという経歴も嘘なんだろうが、私はすっかり信じていた。

どんな話をしていても、アメリカの有名な著者たちの言葉が、まるで百科事典みたいに出てくるその知識量に私は憧れてしまっていた。なにしろ私は、読んだ本の内容を片っ端から忘れることができる能力を持っているのだ。

よく考えれば、コリンの能力は暗記力だけであって、その知識を活かして何かができるわけではなかったけれど、「私は馬鹿だ」と日頃からコンプレックスを持っていた私には、その知識量が羨ましくてたまらなかった。

そんなわけで私は「コリンと同じような知識もつく」という、明らかに嘘くさいコリンのコーチングセッション全10回を勢いで購入していた。「知識がつくコーチング」って一体何なんだと、過去の自分に突っ込みたい。勉強すればいいだけじゃないか。

そのコーチングセッションは一度しか行われなかった。もちろん返金はなかった。しかもその1回で私は、彼がコーチとしてはどうしようもなく能力がないことに勘づいてしまった。暗記力しかないと知ったのはそのときだった。何事もレッスンよね。でも、私は一応プロの心理士なんだったわ！　自信のなさのせいで私は簡単に自分を失ってしまう。

第一印象を侮ってはいけない。でも「いい人」であろうとする私たちは「そんなことを思ってはいけない」と自分の勘を抑え込んでしまう。

潜在意識に押しやられたその疑いは消えることなく、私たちの実際のストーリーに影響を与えていく。最初に持った違和感がその後の展開を支配して行くのだ。

私たちはみんなコリンの胡散臭さをどこかで気づいていたはずだ。私は何度も「あれ？」と感じていた。3人の女性たちだってきっとそうだったと思う。彼女たちもその思いは押しやり「この人は運命の人」だと思おうとしたのだろう。

最初に持った印象がやっぱり勝つ。もし私が、この最初の印象をただ押しやるのではなく、そこに意識をむけ「この思い込みから解放してほしい」と神さまに託していたら、違うストーリーが展開されていたかもしれない。私は彼と上手に距離を置けたかもしれない。

騒動がある程度落ち着き、カフェ・ムウィネックが元の平和を取り戻した頃、エラがマルタにこの話をしていなかったことに気づいた。マルタは唯一コリンに「夢中」になっていなかった常連客だ。マルタに伝えると彼女は「だから最近コリンから連絡がこなかったのね」と納得していた。彼女は「自己啓発の本で英語を学ぶ」ためだけにコリンにお金を支払っており、コリンはマルタのためには、真面目に英会話のレッスンをやっていた。余計な思い込みの牢屋に、コリンも自分も閉じ込めていなかったマルタには、何にも被害はなかった。コリンはとてもきれいな英語を話すし、語彙力もあるし、英会話の先生には適任だっただろう。

私たちには限りない可能性がある。でもその可能性を人生に招くためには、自分の思いがつくった牢獄から、自分を自由にしてあげなくてはいけない。

目の前の相手に対して持った思い込みも、自分に対して持った思い込みも、私たちを閉じ込める牢獄だ。その思い込みを手放すだけで、私たちの人生は大きく変わる。あれだけの問題を引き起こしたコリンなのに、マルタには何の問題も起きなかった。思い込みの牢獄に入れさえしなければ、コリンだっていい人になれるのだ。

第一印象だけでなく、私たちはいつでも、自分について、相手について、人生についての思い込みを持って生きている。過去の経験から持つようになった自分を守るための思考ではあるけれど、それが私たちを不自由にしてしまう。

そして、パターン化したストーリーの中に自分も相手も閉じ込めていく。親は変わらない、パートナーは変わらない、私の人生もずっと変わらない…と。

その延長で生きていると、出来事が起きる前に、きっとこうなるという予測を持ってしまう。そして「ほらやっぱりね」と毎回自分と答え合わせをしては、自分の予測が正しかったと思ってしまう。本当は、自分で先回りしてつくってしまったストーリーを繰り返しているだけ。

気づけば、私たちにはたくさんの牢獄がある。この思い込みから私の世界が解放されたら、相手の世界が解放されたら、私たちにはどれだけの可能性が得られるのだろう。

この思い込みから自分も相手も解放してあげることが、きっと「愛を持ってみる」ことなんだと思う。

第６章
神さまに依存して生きる

恐れを抱きしめる

どうしようかな…悩んでいると、受付のお姉さまが、力一杯すすめてくる。

「絶対やったほうがいいですよ、素晴らしい体験になること間違いなし」

…そうですよね。でも私の答えはまだでない。

悩み始めてもう3日目。今日中に決めなくては。帰国のフライトはもう明後日なんだから。

ニュージーランドのオークランドで、私はスカイダイビングをするかどうかを迷っていた。決めなくちゃ。怖いな。でもせっかく来たんだから、今やるべきだよね。そうやって悩んでいる私の目にポスターが飛び込んできた。

「恐れを抱きしめろ」

そのポスターにはそう書いてあった。恐れって、抱きしめるものなんだ。私はこれまで、恐れから逃げるようにして生きてきたのかもしれない。その言葉に痺れてしまい、よし、恐れを抱きしめようと私は決めた。こういうところ、私はとても単純にできている。

コピーの言葉にまんまと引っかかった。このコピーライター絶対天才。受付からパッと振り返ったところに見える、このポスターの配置も最高。

お金を支払うと、お姉さまが「よかったね、絶対いい体験だよ」と言ってくれたので、あなたのときもそうだった？　と聞いてみる。するとお姉さんは、表情を変えずに「え、私はスカイダイビングなんかしないわよ、怖くてできないわ」とのこと。

だって、あんなに素敵な体験よって言ってたじゃない？　それは言うわよ、仕事なんだから。

はい、楽しんできてねと、レシートを渡しながら会話終了。

びっくりした。やったことないのに、あんなに熱を入れて勧めてくれたの。お姉さま、商売上手ね…。

支払ったんだし、もう二度と戻れない。不思議なことに、覚悟を決めた私は、もう怖いと思わなくなっていた。というよりも、久々の一大決心に感情が追いついていないようだ。

バスのピックアップの場所で待っていると、私の他に中国人の美人と、カナダの若い女子2人組が来た。今回のチャレンジの仲間は私たち4人。明らかに20代ではないアジア人の私たちは、自然に会話を交わす。

スカイダイビングをする場所に到着して、まずは書類への署名。何があっても自分の責任で飛びますということへのサインだ。ここで命が関わることなんだと、もう一度気づく。こんな危険なことを好き好んでするわけだから、命の責任はちゃんと自分で取る。軽はずみなことしてるかなと、一瞬、とてつもなく趣味の悪い贅沢な遊びをしているような気持ちがしてしまう。

まずは、私と中国美女がヘリコプターに乗り込みジャンプすることになった。私の思考は停止したまま。いつもなら色々考えてしまうタイプなのに、全く思考が動かないのは初めての体験。

中国美女が先に飛び立ち、次に私。テレビで見るように、顔がブワブワになる。飛んでいる姿はビデオ撮影されている。なぜかこのときだけは、ブワブワではなくきれいに映りたいと考え顔をつくろうとするものの、当然暴風の力には勝てない。思考できないと思っていたけれど、こういうことはちゃんと考えられたってことは、結局私も自分の見た目を気にしているってわけね。

パラシュートが開き、大きな衝撃の後、ブワブワがなくなり、ゆったりと静かに降りていく。きれいだねとインストラクターが私の上で広い世界を見ている。広いな、きれいだなと、うっすら思うけれど、相変わらずあまり思考が動かない。

地上について、感想を聞かれ「怖かったけれど楽しかった」と答えている私はいたが、本当にそう思ったかどうかもわからない。実はちゃんと怖さを感じていたわけではなかったが、怖いと言わないといけない気がしたからそう言った、という感じ。

インストラクターにくくりつけられていると、私は自分で歩くこともできないし、自分の判断で飛ぶわけでもない。すべてを完全におまかせしたまま。自分でジャンプして、自分でパラシュートを開かなくてはいけないとしたら、めちゃくちゃ怖いだろうが、自分では何にもしないので、その点では怖くはなかった。もしかしたら、「プロに完全にお任せしている」から怖くなかったのかもしれない。一番怖かったのは、自分で決意して申し込んだあのときだった。

飛び終わって、少しずつ思考が働き始めて、ようやくもっと景色を見たかったなとか、富士山近辺でジャンプしたら最高なんじゃないかと、また飛びたくなっている私がいる。まあまあ楽しかったみたい。てことは、私、恐れを克服しちゃったんじゃないの？

中国美女は、興奮気味にスカイダイビングを仕事にしたいと言い出し、インストラクターコースを申し込む決心をしていた。せっかくこんなにも素敵な体験をした仲間なんだし、一緒にワインで乾杯したいなと思ったのだけれど、彼女は、天職を見つけたお祝いにバンジージャンプをしにいくと、次なるアドベンチャーに去っていった。

実は私は高所恐怖症だ。そんな私が泊まっていたのはホテルの11階の部屋だった。中国美女にふられたので、1人で乾杯を済ませてからホテルに戻ると、私はベランダの前に立った。

もう怖くないはず。きっと大丈夫だと思い、ベランダに出てみる。その瞬間、座り込んでしまった。「え、普段通り怖いんだけど。恐怖はなくなるわけではないんだ。楽しかったんだけどな…」。

抱きしめただけでは、根本の恐怖はなくならない。高所恐怖症はなくならないけれど、スカイダイビングは楽しかった。多分またいつかやると思う。逃げるのでもなく、戦うのでもなく、ただ抱きしめる。それだけできっと新しい扉が開く。

エゴの私たちに恐怖は一生つきまとう。恐怖を抱きしめたらポケットに入れて、覚悟を決めて、勇気と希望を持って歩き出す。そしたら「神さまというプロ」にお任せすればいい。これが正しい恐怖とのつき合い方だと思う。

その10分は神さまからのウルトラサプライズ

「嘘でしょ、なんで飛行機、行っちゃったの……！」何が起きているのか、把握できていないパニック気味の私は、これは嘘だと思い込もうとしている。目の前で起きていることが、信じられない。早朝の便でドイツからフランスに戻ることになっていた。空港は、これまで旅慣れていたつもりの私が、見たことのない風景だった。ありえないくらいのたくさんの人、長蛇の列。今では、出発予定時刻の3時間前に来るのが当然だという。

世界に影響を与えたパンデミックの完全な収束を待てず、2022年の夏のヨーロッパではコロナがもう終わったかのように、みんなバカンスを楽しみ始めていた。未曾有の緊急事態中に、多くの人が解雇され人手不足になった空港は、連携もできていないし、トラブルだらけ。私が空港についたのは2時間50分前。まさか、3時間なんて必要ないよねと勝手に思っていたからだ。チェックインに1時間、そしてセキュリティチェックにたどり着くまでに2時間。私がセキュリティチェックを通り、ゲートまで行ったとき、ちょうど10分前に飛行機が飛び立っていたことを知る。痛恨の10分間。

セキュリティーチェックに並んでいたとき、私の周りには、私よりも出発が早い人もちらほらいたし、ボーディングパスが発行されていれば、飛行機は待ってくれていると思っていたから、私は余裕だった。ヨーロッパ便はいつだってよく遅れる。こういう理由だったのねと納得さえしていた。それに、神さまにお祈りしているしね。うまくいかないはずがない。それなのに…。

パニックになりそうな自分を落ち着けて、違う便のチケットを手配してもらうため、急いであの長蛇の列をかき分け、出国ロビーに戻って窓口の列に並ぶ。さっきセキュリティーチェックで一緒だった家族もいる。顔見知りがいると、なんだか安心する。苦笑いしつつも、飛行機の文句で盛り上がりながら、お互いにグッドラックと言い合っちゃう。こんな事態だけれど、旅っていいねえを思い出させてくれる一瞬。

笑顔が戻っていた私に、早速次の魔の手が襲いかかる。窓口で、次の便は明日の夜だと告げられたのだ。え、ちょっと待ってくださいね、今は早朝ですよ、明日の夜って、ほぼ2日間待ってってこと？　この事態、神さまわかってます⁇　せめて今日の夜じゃないの？　意地悪すぎない？　神さまに詰め寄りたいけれど、気持ちを切り替えて、明日の夜まで待つよりはと、新しくチケットを購入することにする。今日の便はきっとあるはず。

ところで私の荷物、どうなっちゃったの？　私を置いて飛行機に乗っていっちゃったの？　どうしたらいいの⁉

窓口の方に聞いてみると、荷物については違う窓口に行かなくてはいけないという。ああそうなのね、一体どれだけ列があるのよ。気が遠くなりそう。

仕方なくまた列に並んで、自分の荷物の所在を確認する。てっきり私を置いてリヨンを目指しているのかと思いきや、私が搭乗しなかったことで、荷物もちゃんとここに残されているという。何がなんなんだ。出発前、私が搭乗しなかったことを受けて、荷物をわざわざ探して、ちゃんとここに残したの？　それって無駄な作業じゃないの？　大体、搭乗していない場合、アナウンスとかしてくれないの？　私があの列にいるだろうってことは、馬鹿じゃないんだから想像つくよね。だってドイツ人でしょ？　ドイツ人なんだから、それくらいできそうじゃない？　ねえ、荷物探す仕事できる人がいるなら、そういう連携してくれてもいいじゃないの??

私はこれまでの人生ずっと、勝手にドイツに大きな信頼を持っていた。でもドイツはサービス砂漠と言われているということを、この日私は身をもって理解した。神さまにもドイツにも裏切られた気分だ。

荷物はどうやら空港のどこかにあるのだが、その荷物を手に入れない限り、次の飛行機のチケットが購入できないと窓口で言われる。ということで、今度は荷物を待つ。多分戻ってくると思うけれど、何時になるかはわからないと言われる。5時間くらい待つこともあるという。こういうとき「多分」という頼りなげな答えは辛すぎる。もう何が何だかわからないけれど、他に頼る人がいないので、私はやっぱり神さまにお願いしてみる。「荷物を戻してください」と。

引き寄せの法則を学び始めた頃、うまくいかなかった私はよくこう言われていた。

「あなたの思いが足りないからよ」

そのことを思い出しながら、私はやっぱりだめなのかなあと落ち込みそう。

神さまへの願いが通じたのか、幸運なことに、なんと2時間で荷物は戻ってきてくれた。これで次の便の手配ができる。朝ごはんを食べることもできず、時刻は10時過ぎ。

お昼過ぎのアムステルダム経由リヨン行きがあると言われ、もうそれしかないと購入。急いでチェックインへ!!

チェックインカウンターで並んでいるとKLMのアナウンスが流れ、このアムステルダム行きはキャンセルされたという。キャンセルするの、この状況で？　こんなにたくさん人がいるのに？

一緒に並んでいた人たちは、それぞれ次の手を打つべく動き出す。

ヨーロッパ人たち、めっちゃ忍耐強くなったね。こんなところで文句を言っても無駄だと悟ったように、さっさと動く。そうよね、文句なんて言ってる暇はない。そんなわけで私も、チケットを購入したルフトハンザ窓口へ舞い戻る。

窓口のお姉さまは、このチケットは払い戻しなんてできないわという。KLMに行って、替えのフライトにしてもらいなさいとお姉さま。フライト変えてもらっても、私、アムステルダムに行きたいわけじゃないのよ、リヨン行きの便に間に合わなかったら意味がないのよ!!

泣きそうな私は、仕方なくもう一度ＫＬＭへ。窓口の方は、キャンセルできるからルフトハンザで確かめてみてとのこと。ああこのたらい回し、なんなのよ。

窓口に戻ると、お姉さまはなんとランチ休憩中。この後に及んでランチ休憩取るのか!? とキレそうな私。払い戻しをしてもらえるように戦う気満々で、お姉さまを待つ。でも、喧嘩腰では相手も意地悪になってしまうとハッと気づく。

ランチから戻られたお姉さまは仕方なく調べてくれて、あら、キャンセルできるみたいだわと払い戻しをしてくれた。でももう明日までフライトはないわねと付け加えられる。

やっぱり明日の夜なのかなと思い、なんとなくもう一度ＫＬＭの窓口に行ってみる。もしかしたらリヨン行きの飛行機が出てくるかもしれない。するとＫＬＭのお兄さまは、あれ、ルフトハンザでフランクフルト経由でリヨンに行く飛行機あるよ。1時間後だよ? なんでそれにしなかったのと聞いてくる。ロビーを見ると、午前中の混雑はなくなり、人が少なくなっている。今なら、私、行けるかも。

もう一度ルフトハンザに行くと、お姉さまがちょっと嫌そうな顔をしている気がする。そんなこと気にしていられない。お姉さまに、フランクフルト経由でリヨンに行ける便があるって教えてもらったと訊く。お姉さまは、この便めちゃくちゃ高いから、教えなかったのよ、とのこと。確かに、めちゃくちゃ高い。この金額で日本に帰れそう。

お姉さま、気を遣ってくださったのね…なんだかありがとう。

躊躇したくなる金額だけれど、私は小さな娘のところに早く戻る必要があったから、決心する。明日の夜になってしまったら、娘に会えるのは明後日の朝。2泊3日の予定だったのに、5日間会えなくなるのは娘にも夫にも大変だろうと判断して、チケット購入。お姉さまからは、この飛行機は絶対に払い戻しはできないからねと念を押される。

ルフトハンザのチェックインカウンターに行くと、グランドホステスの方が、私のチケットを見てびっくりりする。なんなの、このチケット！　この時間にフランクフルト便なんて存在していないわよ!!　と気を失いたくなる発言。

気を失っている場合ではないので、とにかく調べてくれとお願いする。こちらのお姉さまは、仕方なく電話かけたり、同僚に聞いたりすると、あるらしいとわかったご様子。今日からこの便、始まったの、へえそうなんだと、気楽なお姉さま。最初からパソコンでチケットの処理してくれたらすぐにわかったんじゃないの？

とにかく急いで！　もう遅れられないのよ！　セキュリティーチェックに向かうための列が少しずつ長くなってきている。もうこれは待てない。

列の人たちに先に入れてとお願いしていくと、みんなどうぞどうぞと入れてくれる。きっともう知っているのね、この珍場面はみんな何度も見ているのだわ。そして無事に搭乗ゲートへ。

さあこれで帰れる！　と思ったら、今度は飛行機が2時間の遅延。

と言うことで今度は、リヨン行きの乗り換え便に間に合うようにフランクフルトに到着できるのかというドキドキフライト。ここまできたら、もうどこにもいけない。フランクフルトで、乗り換え便に仮に間に合わなくても、次の展開はそこで見つけるしかない。

神さま、どんだけ私にドラマを用意しているの？　どういうことなの？　私の行いが悪いの？　思いが足りなさすぎ？

フランクフルトに到着すると、リヨン行きの飛行機が遅れている。少なくとも間に合った。リヨンに戻れる。でも、リヨン到着が夜遅くなるため、電車もなくなる。電車がないためタクシーしかない。どれだけお金がかかるんだろう。10分遅れただけで、こんなにてんこ盛りの空港ストーリーを味わわせてくれるなんて、私相当ついているのかしら。

夕方になり、ようやく何かを食べようと購入したホットドックを片手に、今度は家に戻るための手段を調べ始める。結局、ほんの10分くらいでリヨンからの電車が間に合わないことがわかる。まさかの10分。

リヨンに到着後、仕方なくタクシーへ。でも、私が住むのは相当田舎のため、運転手さんもそこまで運転したい気持ちはなかったようで、リヨンを出発した電車の先回りをするように、電車に間に合いそうな駅を見つけ飛ばしてくれた。そこまでもなかなかの距離だったのでお金はそれなりにかかったけれど、田舎まで行くのを考えると安くなる。運転手さん、ありがとう。

そんなわけで夜遅く、ようやく自宅に到着。1日のうちに、飛行機に乗り遅れ、荷物を探し、フライトがキャンセルされ、さらにはフライト遅延まで一度に味わえるなんて、これって、飛行機マニアの夢じゃない？

平穏無事で何事もうまくいくほうがいいと思う人間界と違って、魂の世界では、波乱万丈でいろんな体験ができることこそ、人気が高いのではないかと私は思っている。

アメリカ人の有名なグル、ラム・ダスの本の中には『人生をやり直せるならわたしはもっと失敗をしてもっと馬鹿げたことをしよう』（ヴォイス）というものがある。

なんでもうまくいく人生ではなくて、失敗して馬鹿げたことができるほうが、年老いた魂のお好みなら、この体験は魂の世界では大人気のアトラクションかもしれない。しかもお金を払っても、こんな偶然が重なって、飛行機関連の代表的なトラブルを全部味わえるフルコースには滅多に出会えないはず。

このときドイツに行ったのは、本田健さんのヨーロッパ初の講演会に参加するためだった。奇しくもそのテーマは、ハッピーマネー。幸せなお金の使い方を学んだ後で、早速たくさんのお金を使う実践ができたなんて、これもなんだか素晴らしい体験のはず。

独身時代の私なら、最初の段階でドイツの滞在を次の日の夜まで伸ばして遊ぶことにしただろう。でも、私と長いこと離れたことのない娘のことを思うと、私は早く帰りたかった。お金のせいにして、娘のことを気にしながら過ごしたくない。喜んでお金を使いながら、スリリングな1日を過ごせたなんて、魂レベルではウルトラフェスティバルだ。

あのとき、もしも私が最初のフライトに間に合っていたら。私は、神さまにお願いすればなんでも大丈夫だと信じ込む鼻持ちならない人になっていたかもしれない。そしてうまくいかない人を見ると、「思いが足りないのよ」なんて言っていたかもしれない。

そうではない。私たちが、自分の都合で、小さな頭で考えて、「こうなってほしい」ということがうまくいかないことなんて、実はたくさんある。それは「思いが足りないとか、修行が足りない」とか、そういう理由ではない。神さまレベルで考えたら、こんなトラブルなんて、大したことない。私たちが体験したいのは、何があっても本当に大丈夫で、すべて守られているんだということだけ。もう二度と味わいたくはないけれど、あの経験ができてよかったと思えるし、ネタにもなった。

終わりよければすべてよし。やっぱりシェイクスピアの言う通り。

責任感ある依存症

私たちは、この世界に起きるいろいろな苦痛を、実は楽しんでいるマゾヒスティックな存在だ。恐怖と罪悪感に怯えつつも、この世界の出来事をこなしていくことを喜んでいる。神さまと一体になりたいと思っているはずだけれど、実際には、神さまの世界は平和と愛しかなくてつまらない。

神さまの世界には、ディズニーランドもなければ、美味しいものもなければ、蜜の味の他人の噂話だって存在しない。

苦しくて、恐怖が襲ってくる毎日だったとしても、どこかでこの世界を楽しんでいる。私たちは波風立たない人生を望みながらも、平和が続くことも実は耐えられない。

神さまレベルの幸福感は、人間関係、健康、お金などいろいろな問題に溢れたこの世界の中で一瞬だけ味わえるから価値のあるものなんだ。エゴの私たちは、嬉しいときも悲しいときも、怒っているときだって、どれも実は楽しんでいる。

この世界に起きることは、すべて私の心の投影だ。たとえそれが潜在意識の記憶であっても、私から発していることは間違いない。『ザ・シークレット』に出演されていたジョー・ヴィターレ博士の講義の中で、「クーラーが壊れたのも自分の責任だ」という話があった。真夏にクーラーが壊れてしまった。直接的にはどんな思考かはわからないけれど、私がこれまでいろんな場面で口にしてきたネガティブ発言だったり、いつの間にか思考していたことが引き寄せたのだという。そんなつもりはなくても、私の心にある思いの結果が、目の前に広がる世界だ。

目の前にいる人が、とっても嫌な人だと、「知覚した」のは私なので、私の心の問題だ。私たちがキャッチできる情報はいつだって1万ビット以内。そこに引っかかることは私の心のあり方を表している。そこは素直に受け止めてみる。

ロイド博士は、「すべて潜在意識のせいです！」と言ってくれているし、自分を責める必要はない。でも自分の人生に起きている出来事は、責任を持って受け入れるしかない。嫌な気持ちがするのなら、それをきっかけに潜在意識の記憶を癒せばいい。

目指すのは神さまレベルの「愛しか見えないスコトーマ」。愛しか見えなかったら、どんなに嫌なことを言われようが、嫌なことだなんて思うこともなくなる。起きた出来事を呪うのも、悲しみ、怒り狂うのも自由だけど、起きた出来事は容赦なく私の前に存在し続ける。

出来事に意味づけをしなければ、それは単なる事象でしかないから、こだわる必要もなくなる。そこをどう生きるのかは、自分次第だ。そういう意味でも、自分の人生に責任を持つしかない。

本当は楽しんでいるはずだけれど、でもやっぱりこの苦しさや辛さから抜け出したい。そして神さまとつながる一瞬が欲しい。そういうとき、私たちが思い出したいことは、すべて何でも自分でやらないということだ。

思考をこねくり回して、人生を悪化させている私たち。自分で何とかしようとすると、とんでもない方向に持っていくことができる私たち。だから、自分の人生は自分の思考の結果だと理解したなら、私たちがすべきことはただ1つ。

神さまに頼るのだ。

奇跡のコースでは、私たちを神さまとつないでくれる存在として、ホーリースピリットというものがいる。ハイヤーセルフと言ってもいいし、わかりにくかったら守護霊と思ってもいいかもしれない。そんな存在にお任せするのだ。

問題は自分で解決しない。問題をつくったエゴに、問題は解決できない。問題を解決できるのは、ホーリースピリットだ。

だから、私たちは積極的に依存したほうがいい。自分で何でもやろうとするのは、ひとりぼっちで孤独なエゴの特徴だ。この世界をよくしていきたいと思うのであれば、責任感を持って依存する。頼らなければ、私たちには問題解決など絶対にできない。神さまとつながらなければ、私たちが本当に望む人生を創ることはできない。

それはちょっとヒッチハイクに似ていると思う。

ポーランドに住んでいたとき、ガルツェニーチェという村にあるシアターを何度か訪ねていったことがある。村の名前がそのまま劇団名になっている。

ガルツェニーチェは、ルブリンという街からバスで30分くらいの場所だ。私が住んでいたクラクフからバスでルブリンに向かい、そこでローカルバスに乗り換える。いつものバスに乗れば、ルブリンでお昼を食べて、街をお散歩して、ガルツェニーチェに向かうバスに間に合う。

でもその日は、渋滞していただけでなく、バスの運転手さんが、道中バイクに乗ったお友だちと会っちゃったようで、時速30キロくらいのノロノロ運転で、窓を開けてバイクのお友達とおしゃべりしながらルブリンに向かっていた。

なぜ誰も文句言わないのだろうと、イライラしながらバスに乗っていた私だけど、よく考えたらなぜ私は文句を言わなかったんだろう。こういうとき、誰かがやってくれるってすぐ思っちゃうのよね。

何にしても、日本では絶対にあり得ないこの珍事のために、私がルブリンに到着したときには、ガルツェニーチェのバスはとっくに行ってしまった。しかもまっ昼間なのに、最終バスだ。

話は逸れるが、サンフランシスコに住んでいたとき、バスの運転手さんが運転しながら、携帯で電話してハンバーガーを注文し、そのお店の前でバスを停めてハンバーガーをゲットして、食べながら運転していたことがあった。バスの中は飲食禁止だとずっと電子掲示板が言ってたはずだけど。

こういうありえない出来事の数々が、私の脳に新しい回路をつくってくれていたかもしれないと思うと、いろんな体験ができるって、ありがたいなあと思う。

タクシーに乗ればいいと思っていたので、ルブリンのバスターミナルでタクシーを探す。こういう場所に絶対いそうなタクシーが1台もいない。バスターミナルの窓口で聞いてみると、タクシーはないと即答される。いやいや、そんなわけないじゃない。タクシーないわけないじゃないの。じゃあ、タクシー会社の電話番号ある？　と聞くと、それもないという。ルブリンにはタクシーがいないの？　そんなわけないじゃない。でも窓口のお姉さまはないと言い続ける。

じゃあ、これからガルツェニーチェに行きたいんだけど、どうしたらいいと思う？　と聞いてみると、彼女はこう言った。「ヒッチハイクしかないわね」

私はこれまでヒッチハイクは一度しかしたことがない。それは大学生のとき、イタリアのサルディニア島で、友だちと一緒だった。でも今回は生まれてはじめての、1人だけでのヒッチハイクだ。30代後半になってヒッチハイクデビュー。

自発的にしようとは思いもしなかったヒッチハイクをすることになり、私はなんだかワクワクし始めた。こういうとき、私は絶対に守られていると信じているので、冒険みたいに楽しめるラッキーな性格だ。

ガルツェニーチェ方面の道路で、ヒッチハイクを始めると、ものの5分で車が停まってくれた。

「なんだ、やっぱり君か。ガルツェニーチェに行くんでしょ。さあ乗って！」

車の中にいたのは、ガルツェニーチェ率いるスタニエフスキ監督!!

私に「魂を癒す演劇」というアイデアをもたらしてくれたのは、『二十世紀俳優トレーニング』（而立書房）の著者のアリソン・ホッジという恩師の授業のときだった。そしてアリがこの本を書くきっかけとなったのが、彼女がアシスタントをしていたガルツェニーチェでの経験だった。つまりスタニエフスキ監督は、私の恩師の恩師みたいな存在だ。

彼の元にも世界中からたくさんの俳優が修行にくるくらい、この分野では有名な存在。ヒッチハイクをしたら、スタニエフスキ監督に拾ってもらえるなんて、これ以上すごい展開はないだろう。ガルツェニーチェに向かう間、彼といっぱいお話ができて、私のドラマセラピーにも興味を持ってくださり、今度ガルツェニーチェでも講義をしてよという話にもなった。

私がしたのは、ヒッチハイクをするという展開を受け取って、行動に出たこと。それは私の責任だ。でもその後、何をもたらしてくれるのかは、神さまにお任せする。私の目的はガルツェニーチェに辿り着くこと、それだけだ。ワクワクしていたので、ワクワクが素敵なものを引き寄せてくれて、私はスタニエフスキ監督とのおしゃべりの時間が楽しめた。

目的地までどう行くのか、という方法は考える必要がない。神さまに依存する。これは日常的ないろんなところで使える。好きな人と仲良くなりたいと思ったら、その人と仲良くなる自分を想像して、神さまに委ねる。すると、好きな人に話しかけられるきっかけが与えられるかもしれない。そのときに必要な行動は、勇気と責任を持ってやる。流れに乗るというのは、きっとこういう感じだと思う。流れは神さまが用意してくれるけれど、乗るのは自分だ。

依存してはいけない。多くの方がそういう。でも私は、依存する必要は絶対にあると思う。エゴの私にはできないことが、神様とつながることで可能になる。人間側ができる責任を果たすからこそ、依存ができる。この心の状態が普通になれば、世界はもっと生きやすくなる。

許すことは、それが見えなくなること

サバサバしている人とか、全然過去のことにこだわらないとか、そういう人って本当にすごいなあと思う。私は、傷ついたと感じたことを、簡単に手放せるタイプではない。

「3秒過去は生ゴミ」

これは、私がお世話になっている大好きな女性で、私のビジネスメンターでもあるMOMOさん

の言葉だ。

ＭＯＭＯさんは自己肯定感がびっくりするほど高いだけでなく、過去のネガティブなものはさっさと捨て去る能力を持つ、滅多にいない方だと思う。

生ゴミって臭うでしょ。そんな過去持っててもしょうがないじゃないとＭＯＭＯさんは笑顔でいうけれど、私はまあまあ生ゴミを大事に取っておいてしまうタイプだ。

３秒前の記憶なんて、まだまだ新鮮な過去だから、十分に根に持ちたいところだけれど、「今という瞬間」が一番大事なのであれば、確かに３秒前でも過去は過去だ。

こういう世界との付き合い方が、彼女がビジネスでも成功している理由なんだと思っている。きっと何か嫌なことがあっても、すごく上手に消化して自分の輝きに変えていくことができる方なんだと思う。さっさと捨て去るためにも、「余計な意味を見出さない」のだとも思う。どんな相手を前にしても、上にもいかず下にもいかず、ブレずに真の自分とつながれるところも大好きだ。

生ゴミを大事にしてしまうのは、自分を守るために必要だからだと、私たちは思い込んでいる。同じような出来事があったときに対処しやすくなるし、そもそも同じような出来事を経験しないためにも、覚えておくべきだと思っている。

生ゴミを大事にすれば、私の世界はもっとよくなる！　そう思っている感じだ。

過去を生ゴミに置き換えると、馬鹿馬鹿しさがよくわかるのに、生ゴミを捨て去ることは本当に難しい。さらに言えば、強く思っていることが現実化されるため、過去を引きずれば引きずるほど、生ゴミを増やし続けることになるのに、この矛盾に気づけない。

「奇跡のコース」の肝とも言えるレッスンは、「許すこと」だ。

でも「許すこと」を、おそらく今理解できる形で受け取ってはいけない。エゴの私たちのストーリーでは、許し難い理不尽なこともわんさか起きる。それを「許す」というのは簡単じゃないはずだ。

そして、エゴの私たちはいつだって、どっちが上か下かという、人間関係のパワーダンスを繰り返していることも忘れちゃいけない。「こんなに傷ついたけれど、私は広い心を持っていて優しいから許してあげるわ」と、狭い心で傲慢に上から目線で見ることは決して許すことじゃない。許すという一見美しい行為ですら、自分の立場を上にするために利用してしまうこともある。


「奇跡のコース」でいう「許し」は、こういう感じ。

私は今、幻想のドラマの中にいたんですね!?　幻想を信じちゃった！　真実じゃなかったわ！　と我に返って気づくこと。本気で舞台から降りること。

あなたも私も、同じペットボトル人で、本当は同じ海の水を持った仲間だったたって忘れちゃったわ！　幻想だけで、何にも起きていないんだから、そもそも許すことなんてなかったんだわ！　と、許すという行為自体が、実は必要ないことに気づける境地にまでいけたら最高だ。

あの人はあんなことをしたけれど、それは生い立ちが辛いものだったからで、傷ついた思いからしか人間関係をつくれないからなんだ、じゃあ許してあげなくちゃ。などのように「きれいな言い訳」を並べて納得することは、許しではない。

許しとは、起きたと思っている出来事に惑わされることなく、幻想の向こう側の真実に目を向けていくことであり、エゴのストーリーをこねくり回して解決させていくことでは全くないのだ。

起きたことに余計な意味をつけず、それは単なる幻想であり、そんなことにとらわれずに、相手も愛を求めて叫んでいる魂の仲間なんだと気づくこと。許すというのはこういうことだ。

これがめちゃくちゃ難しい。「あんなにも傷ついたことが、なかったことになるわけないじゃない！」とエゴの私たちは声を上げたくなる。

すべての出来事が、舞台の上での出来事なんだと言ったとしても、これだけは違うわと傷ついた出来事を、大事に大事に抱えてしまう。だから出来事に余計な意味を持たせずに、通り過ぎることができる人ほど、許すことが得意というわけだ。

生ゴミだったとしても、なかなか捨て去ることができないとき、私はその傷ついた心に癒しを行うことが大事だと思っている。傷ついた心が、生ゴミを手放すことを恐れているからだ。

私は自分のことを、「奇跡のコース」と心理療法の間に立つ人だと呼んでいる。心理療法は、エゴの記憶のケアとも言えるのだけど、このケアもちゃんとすることで、生ゴミを捨てることができるようになるし、真実に近づけるようになる。

生ゴミとしてさっさと捨てることができないのであれば、私はただひたすら、この記憶を癒した方がいいと思っている。

ということで、根に持つ私は、今日もひたすら生ゴミを癒している。せめて来週あたりのゴミ収集に間に合わせられたらいいんだけど。

神さま、次のセリフを教えてください

「奇跡のコース」を学んだり、心を扱う仕事をしているから、怒ったりすることもないんですよね、と聞かれた。ベテランの大先生たちはそうかもしれない。でも私は小物だ。そんなわけないじゃないか。

そうなれたらいいなと思いながらも、私は思いっきりエゴだ。エゴの私は、頭にもくるし、落ち込むことだってあるし、不安になってみっともなく動き回ることだってある。

私はエゴの思考も大事だと思っている。確かにこの世界はきっと幻想なんだと頭では理解している。でも実際には、世界が幻想だなんて完全に信じられているわけもないのだから、エゴの私の言い分だって無視しちゃいけない。

「奇跡のコース」を表面的に理解すると、ただ愛しなさい、許しなさいと言っていると勘違いされる方がいる。そしてそれを実行しようとしたり、表面的に愛と許しを持って生きているふりをしている人もいる。そんなに簡単にできるのなら苦労しない。

「奇跡のコース」は、エゴの私たちにとって、ミッションインポッシブルの世界だ。「奇跡のコース」は、私たちが愛から生きられるようにするための訓練の学びではあるけれど、裏を返すと、「ああ！　愛から生きるってなんて難しいのよ、無理、無理！」と気づかせてくれるものでもある。

愛から生きるなんて途方もなく難しいけれど、そうできたらいいなという思いを持ち、エゴに翻弄されないように心のレッスンを重ねていく。しょっちゅうエゴに持っていかれることもわかっていて、それを許してもいる。だけど時々うまくいくと、この世界に平和が本当に見えることも知っている。それが励みになって、続けられるようになる。

真の平和を感じることは、そもそもエゴの私たちの思考システムでは無理なことなので、脳の使っていないところだったり、神さま目線の思考回路を開拓していくことで、初めて体験できることだ。通常の私たちの思考の中で「愛から生きる」ことは基本的に無理なお話。

私もしょっちゅうエゴに振り回されている。そういうとき私は、自分がひと暴れすることだっていいと思っている。必要ならば枕を相手に怒りを爆発させることだってある。車の中で悪態だってつく。そして必要な癒しを行う。

それを全然悪いことだと思っていない。そういう時間がないと私のエゴがおさまらないんだもの。人間なのだから、ネガティブにならないほうがおかしい。ネガティブは癒しのきっかけになる素晴らしいものでもある。

ネガティブになったら、心のケアをすればいい。エゴのケアをしていくことで、少しずつ魂が成長していく。


自分の心のクセに注意を払えるようになると、自分がどれほど恐れや罪悪感を持ってこの世界を見ているのかに気づけるようになる。

怒りだったり、困惑だったり、不満だったり、落ち込みだったり、悲しみだったり、孤独だったり。出来事に意味を見出すのも、相手がどんな人かと判断するのも、恐れや罪悪感だ。

そこに気づけるようになると、自分が外側の刺激にどれほど反応しながら生きていたのかも見えてくる。その結果、「これまでよりも嫌な出来事が増えた」と言ってくる人もいる。

そうではなく、これまで気にしないようにしてきたことが、見えてきただけだ。そして気づくたびに、これを神さま目線で見てみたいと考えるようになれたらいい のだ。できる限り愛を選べるように。

私たちは、リハーサルなし、台本なしでこの人生を生きている。それはとっても怖いことだ。だから事前に頭の中で用意してしまう。こういうシチュエーションでは、こういうことが起きそうだという予測や、この人はきっとこういう人なんだろうなという判断をして、備えている。

そうやって、色々考えてしまう大元にあるのが、恐怖と罪悪感なら、その展開は本来自分が願うものではなくなってしまう。ロイド博士は「恐怖と罪悪感から動くとうまくいかない」と言っている。だから愛と平和とつながって人生をつくりたいのだ。

愛とつながって世界を見るというのは、私たちの通常の思考を超えた状態だ。私たちの頭では愛は理解できないし、「愛を持っている」と思っているとしても、それは大体エゴの解釈の愛でしかない。愛は、経験することで、全身全霊で「知ること」ができるようになる。でもその経験は言葉では正確に表せないものだ。

愛を体験するのを邪魔するエゴの思考のクセに気づき、そこに持っていかれないようにしていく。それは、ああ、私はまた恐怖や罪悪感から動かされているなあと気づくことだ。

気づけたとしても、それで愛になるわけではない。ここでもう一段高い視点、あるいは脳の違うところを使わないと、愛から世界は見られない。意志の力だけではできない。だから神さまに頼むしかない。

成功者たちの多くが、瞑想を日常的に取り入れているのは、このためだと思う。瞑想することによって、思考から離れていき、シータ波の脳波になって潜在意識とつながることもできる。そして

「神さまの目線」ともつながることができるようになる。

私が大好きな『とんでもなく全開になればすべてうまくいく』（ナチュラルスピリット）の著者、トーシャ・シルバーは、まさに神さまに身を捧げて生きているお手本だ。彼女はどんなことも、神さまに捧げることで見事に解決させていく。頭で考える余計なことは一切しない。

トーシャはあるとき、〝I can do it〟（私にはできる）というイベントで講演をすることになっていた。でも彼女が一番訴えたいのは「私にはできない！　だから神さまどうしたらいいか教えて！」というスタンスだ。イベントの名前を〝I can't do it〟に変えたかったわと彼女は笑っていた。

トーシャは、私は神さまの道具、一番ベストな形でどうぞ私を使ってくださいという、完全に神さまにオープンな生き方をしている。どんな状況になっても、そのことを思い出すことができれば、神さまと一緒に人生をつくっていくことができる。大事なのは責任感ある依存症だ。

私は以前拙著の中で、あなたの願いは神さまの願いだと書いたことがあり、「神さまの願いなら、私は何もしなくていいのですね」と聞かれたことがある。

怠け者の脳を持つ私たちは、どんなときにも、怠けられる機会を逃さない。確かに文字だけで読めばそんな気がする。「何もしたくない」と思えば、何もしないというそれだけが叶えられていく。

それに、ただでさえネガティブに考えがちになる私たちなのだ。都合よく「私がほしいものだけ」

を神さまが拾ってくれるわけではない。ネガティブに振り回されずに、私の願いをちゃんと神さまに届けなくてはいけない。

人生を願い通りに叶えていこうとするのなら、私たちが発する言葉に注意を払う必要がある。毎日、毎時間、毎分、毎秒のレベルで、自分の思考に気をつけなくてはいけなくなる。そしてネガティブな自分を解放してもらい、あなたの目でこの世界を見たい、あなたとともに自分の願いを叶えたいとお願いしていく。

心とは「顕在意識＋潜在意識＋スピリット」と定義される。自分がネガティブに反応していることに意識的に気づき、それを引き起こしている潜在意識にある記憶を癒し、さらにスピリットとしての自分の目線を育てていくこと、つまり神さまとつながること。これが「問題を解決できる意識レベル」になるための方法だ。

私は地球シアターの俳優だ。その舞台の上に立っているときは、特にちゃんと神さまとつながるようにしなくてはいけない。そうしないと、出来事に無意識に反応し、アドリブでどんどんストーリーをおかしなものに変えていってしまう。

だから私は今日も言う。神さま、次のセリフを教えてください。

【参考文献】

【ヒーリングコード関連】
『「潜在意識」を変えれば、すべてうまくいく』 アレクサンダー・ロイド博士　SB クリエイティブ
『奇跡を呼ぶヒーリングコード』 アレクサンダー・ロイド博士、ベン・ジョンソン博士　ソフトバンククリエイティブ
『思考のすごい力』 ブルース・リプトン　PHP 研究所
『こころのチキンスープ』ジャック・キャンフィールド、マーク・ヴィクター・ハンセン　ダイヤモンド社
“The Memory Code” Alexander Loyd Phd, ND, Yellow Kite
“The Healing Codes Coaches Manuals” Alexander Loyd Phd, ND, Dr.Alex Whole Life Healing

【サウンドヒーリング関連】
『奇跡を引き寄せる音のパワー』ジョナサン・ゴールドマン　KK ベストセラーズ
“The Healing Power of Sound”, Simon Heather
“Rediscovering the art and science of sound healing”, John Stuart Reid, Annaliese Kohinoor, Caduceus issue 72, Summer 2007
“Cymatics, A Bridge to the Unseen World”, John & Annaliese Reid, Veritas Magazine
『声を自由に !! 歌うことであなたの人生を豊かにする声のヨガ』シルビア・ナカッチ　アーツ・コミュニケーション・ラボ
『迷ったときは運命を信じなさい』ディーパック・チョプラ　サンマーク出版
『声をめぐる冒険　ヴォイスヒーラーの実践をとおして』 渡邊満喜子　春秋社

【奇跡のコース関連】
『奇跡のコース』ヘレン・シャックマン、ケネス・ワプニック　ナチュラルスピリット
『神の使者』ゲイリー・R・レナード　河出書房新社
『愛への帰還』マリアン・ウィリアムソン　太陽出版
『「奇跡のコース」のワークを学ぶガイドブック』香咲弥須子　ナチュラルスピリット

【量子力学、脳科学、引き寄せの法則など】
『残り 97%の脳の使い方』苫米地英人　フォレスト出版
『コンフォートゾーンの作り方』 苫米地英人　フォレスト出版
『「量子力学的」願望実現の教科書　潜在意識を書き換えて思考を現実化する１１の法則」高橋宏和　SB クリエイティブ
“Are humans really beings of light?” Dan Eden, ESALQ, University of Sao Paulo
“A tribute to Fritz-Albert Popp on the occasion of his 70th birthday” Marco Bischof, Indian Journal of Experimental Biology
“The Synchronisity Key” David Wilcock, Souvenir Press Ltd
『ザ・シークレット』ロンダ・バーン　角川書店

【グロトフスキ関連】
"Towards a Poor Theatre", Jerzy Grotowski, Methuen
"The Grotowski Soucebook", Richard Schechner, Routledge
"With Grotowski", Peter Brook, the Grotowski Institute
"At Work with Grotowski on Physical Actions", Thomas Richards, Routledge,
『覚醒の舞踏　グルジェフ・ムーブメンツ』郷尚文　市民出版社
『二十世紀俳優トレーニング』アリソン・ホッジ　而立書房

【その他】
『お気に召すまま』ウィリアム・シェイクスピア　白水 U ブックス
『シャーマンへの道』マイケル・ハーナー　平河出版者
『マザー・テレサ　愛と祈りのことば』 マザー・テレサ　PHP 文庫
"Become Unshakable Challenge", （オンラインワークショップ）Anthony Robbins, Robbins Research International,Inc.
『夜と霧』ヴィクトール・フランクル　みすず書房
『ネイティブ・マインド　アメリカ・インディアンの目で世界を見る』北山耕平　サンマーク出版
"Acting For Real", Renee Emunah, Brunner/Mazel
『人生をやり直せるならわたしはもっと失敗をしてもっと馬鹿げたことをしよう』ラム・ダス　ヴォイス
『ハッピーマネー』本田健　フォレスト出版
『終わりよければすべてよし』ウィリアム・シェイクスピア　白水 U ブックス
『とんでもなく全開になれば、すべてはうまくいく』 トーシャ・シルバー　ナチュラルスピリット
"Zero Limits III "（オーディオコース）Joe Vitale, Hypnotic Matketing, Inc
"The Awakening Course"（オーディオコース）Joe Vitale, Hypnotic Matketing, Inc

あとがき

アインシュタインは、「すべての芸術、宗教、科学は同じ1つの木の枝である」と言っています。そしてその根っこも含めた木そのものが、私たちを生かす愛であり真実なのでしょう。私たちはその木の枝のいろんなところを見ながら、世界の神秘を解明しています。私は、すべての学問は、神さまとつながるために存在しているのだと思っています。

見えない95％の探求の旅は、私の人生の一番の楽しみかもしれません。これまでの25年間、私は素晴らしい先生たちに恵まれてきました。私を教え導いてくださったたくさんの偉大な先生たちに、心から感謝します。

本書の作成のために、たくさんの方に助けていただきました。エッセイ風に心のことを書きたいと願っていた私の思いを叶えてくださったセルバ出版の森忠順社長、セルバ出版につないでくださった小山睦男さん、小山さんを紹介してくださった藤咲徳朗さんに心から感謝申し上げます。表紙の絵を描いてくれた鈴木裕希さん。素敵な絵をありがとうございました。本書のタイトルを一緒に考えてくださった、株式会社boom nowの西川勇佑さんにもこの場を借りてお礼を申し上げます。

私が自信を持って、学術的にスピリチュアルを話せるようになったのは、ビジネスメンターのMOMOさんこと西村僚子さん、そしてビジネスコンサルタントの古川宗弘さんのおかげです。私の中にあった宝物を外に出していくことを助けてくださり、ありがとうございました。

若い頃から世界中を旅することを助けてくれた両親。私に新たな世界を見せてくれる、私の夫と娘。家族の愛に本当に感謝しています。

また、私のワークを受けてくださっている生徒さんたちにも感謝の気持ちを捧げたいと思います。これからも一緒に世界の神秘を探っていきましょう。

本書は、神さまとつながりながら書きました。私たちの心から平和が始まり、世界が喜びと愛に包まれますように。

2023年3月　フランスの田舎にて

中野　左知子

巻末附録

願いを叶えて自分らしく生きるための
無料動画のご案内

脳の仕組みを理解し、ヒーリングコードを実際に体験できる
全７回の動画講座です！

第1回 脳の仕組みを理解
第2回 究極の成功目標とは？
第3回 ドラマセラピーでエネルギーレベルを上げる！
第4回 ネガティブな思考への対応法
第5回 ヒーリングコード体験
第6回 願望実現を邪魔する罠に陥らない方法
第7回 自分の力を超えて大きな存在とつながる

以下のURLもしくはQRコードよりアクセスして、
フォームからお申し込みください。
https://www.sachinakano.com/5steps/

著者略歴

中野　左知子（なかの　さちこ）

静岡市出身、フランス在住。
ロンドン大学在学中に、「魂を癒す演劇」という概念に出会い、以来 25 年間世界中で、心と魂の癒しについて研究を重ねる。カリフォルニア統合学研究所 CIIS にてカウンセリング心理学修士課程を卒業し、北米ドラマセラピー学会公認のドラマセラピストになる（2020 年からは同学会公認トレーナーに就任）。
2005 年より日本で、心理療法士・ドラマセラピストとして、病院、大学、養護施設などで、20 年近く 4500 人の方の心の旅のお供をしてきた。2010 年から 2 年間、ポーランドのヤギェウォ大学で教鞭をとりながら、欧米の演劇界に衝撃的影響を与えた演劇者グロトフスキの研究を続ける。その間、様々な心理療法、ヒーリング、秘教ワークをヨーロッパ各地で学ぶ。
2018 年心理療法の限界を感じ、アレクサンダー・ロイド博士の元でエネルギー療法を学び、ロイド博士公認の日本人唯一の Whole Life Coach となる。同時期に「奇跡のコース」を学び始め、これまでの 25 年間の研究を統合的にまとめ上げて、講座の中で伝えている。心の癒しやスピリチュアルを学術的に教えることで評価を得ている。2020 年夏、一家でフランスに移住。

ウェブサイト　https://www.sachinakano.com/
主な著書に『恋愛ドラマセラピーで 35 歳からの理想の結婚を手に入れる』（じゃこめてい出版）がある。

イラスト：鈴木 裕希

神さま、次のセリフを教えてください
―心の癒しの鍵はここにある！

2023年 4 月28日　初版発行　　2023年 6 月6日　第 2刷発行

著　者　中野　左知子　© Sachiko Nakano
発行人　森　　忠順
発行所　株式会社 セルバ出版
〒 113-0034
東京都文京区湯島 1 丁目 12 番 6 号 高関ビル 5 B
☎ 03（5812）1178　　FAX 03（5812）1188
https://seluba.co.jp/
発　売　株式会社 三省堂書店／創英社
〒 101-0051
東京都千代田区神田神保町 1 丁目 1 番地
☎ 03（3291）2295　　FAX 03（3292）7687

印刷・製本　株式会社 丸井工文社

Printed in JAPAN
ISBN978-4-86367-808-8